La trampa de la edad

La trampa de la edad

Cómo los estereotipos edadistas nos perjudican en todas las etapas de la vida

Vânia de la Fuente-Núñez

Papel certificado por el Forest Stewardship Council®

Primera edición: octubre de 2024

© 2024, Vânia de la Fuente-Núñez
© 2024, Penguin Random House Grupo Editorial, S. A. U.,
Travessera de Gràcia, 47-49. 08021 Barcelona
© 2024, Tatiana Soro, por las ilustraciones de las pp. 58, 60, 91, 100, 129, 139, 156, 166 y 183.

Penguin Random House Grupo Editorial apoya la protección de la propiedad intelectual. La propiedad intelectual estimula la creatividad, defiende la diversidad en el ámbito de las ideas y el conocimiento, promueve la libre expresión y favorece una cultura viva. Gracias por comprar una edición autorizada de este libro y por respetar las leyes de propiedad intelectual al no reproducir ni distribuir ninguna parte de esta obra por ningún medio sin permiso. Al hacerlo está respaldando a los autores y permitiendo que PRHGE continúe publicando libros para todos los lectores. De conformidad con lo dispuesto en el artículo 67.3 del Real Decreto Ley 24/2021, de 2 de noviembre, PRHGE se reserva expresamente los derechos de reproducción y de uso de esta obra y de todos sus elementos mediante medios de lectura mecánica y otros medios adecuados a tal fin. Diríjase a CEDRO (Centro Español de Derechos Reprográficos, http://www.cedro.org) si necesita reproducir algún fragmento de esta obra.

Printed in Spain – Impreso en España

ISBN: 978-84-666-7747-9
Depósito legal: B-11.414-2024

Compuesto en Llibresimes, S. L.

Impreso en Liberdúplex
Sant Llorenç d´Hortons (Barcelona)

BS 7 7 4 7 9

A mis tres mosqueteros

Índice

Introducción ¿Qué edad tienes?............. 9

PRIMERA PARTE
La cultura, el cerebro y sus atajos

1. Qué es el edadismo...................... 17
2. De dónde sale el edadismo................ 27

SEGUNDA PARTE
Tú también

3. Eres edadista........................... 49
4. Sufres edadismo......................... 61
5. Te transformas en estereotipo............. 93

TERCERA PARTE
Nos hace daño

6. Como individuos........................ 103
7. Como sociedad......................... 115

CUARTA PARTE
El futuro es nuestro

8. Que no te cuenten milongas 127
9. Aprende más y comparte tu conocimiento ... 137
10. Crea conexiones sin límite de edad 153
11. Movilízate y pelea por cambios 165

Conclusión 181
Agradecimientos 185
Notas 189
Bibliografía 211

Introducción

¿Qué edad tienes?

Esta pregunta, en apariencia inofensiva, nos surge de forma tan natural como preguntarle a alguien su nombre. Cuando nos encontramos al otro lado de la interrogación, las cosas cambian. Posiblemente, al leerla hayas pensado: ¿y a ti qué te importa? Muchas veces —y sobre todo cuando vamos cumpliendo años— nos incomoda tener que dar esta información. Sin embargo, no solemos pensar detenidamente qué hay detrás de este recelo.

Lo que me propongo en este libro es mostrar precisamente por qué nos sentimos así. Pretendo ilustrar que la respuesta a esta pregunta, *a priori* sin ánimo de ofender, nos puede hacer daño, y que deberíamos dejar de hacer suposiciones basadas en la edad de alguien para evitar no solo caer en errores, sino también generar injusticias. En definitiva, este libro trata sobre el edadismo: el «ismo» que nos divide basándose en nuestra edad. Y no me malinterpretes, la edad en sí misma no es el problema. El problema es lo que suponemos y restringimos injustamente según esta.

El edadismo es un fenómeno social que, aunque está empezando a ser reconocido mundialmente, lleva con nosotros mucho tiempo. Se refiere a nuestra forma de pensar (estereotipos), sentir (prejuicios) y actuar (discriminación) hacia otras personas o hacia nosotros mismos en función de la edad. El edadismo está detrás de que nos larguen del trabajo al alcanzar la supuesta «edad de jubilación», de que nos hablen como niños cuando somos mayores o de que se burlen de nosotros por iniciar un movimiento político si somos jóvenes porque se considera que no tenemos nada que aportar. También está detrás de las campañas y los productos antienvejecimiento que nos impulsan hacia lo imposible —la eterna juventud— y que nos hacen pensar que envejecer es un problema y no un proceso del que podemos disfrutar.

Hay varias características que distinguen este «ismo» de otros como el sexismo o el racismo. En primer lugar, es el único «ismo» que puede afectar a todo ser humano. Es más, es el único que llega a afectar a hombres blancos, un colectivo que en general ha salido siempre bien parado. En segundo lugar, es el único «ismo» que tiene un objetivo cambiante. Lo que quiero decir aquí es que mientras que el sexismo o el racismo tienen una diana o categoría fija que permanece estable a lo largo del tiempo —las mujeres o las personas de una etnia o color de piel diferente de la propia—, el edadismo es inusual en el sentido de que las personas cambian de categoría de edad y lo hacen de forma involuntaria. Esto no implica que irreparablemente padezcamos edadismo o, al menos, no siempre con la misma intensidad. Así, los estudios demuestran que el edadismo suele despuntar cuando somos jóvenes y luego, de nuevo, en la vejez.

Otra característica que hace especial a este «ismo» es

que llegamos a dirigirlo a nuestro futuro yo. Todos los estereotipos basados en la edad que vamos aprendiendo a lo largo de la vida podemos llegar a aplicarlos a nosotros mismos al alcanzar una etapa vital determinada que se corresponde de manera más o menos perfecta con la edad que teníamos en mente para esos estereotipos. Así, paradójicamente, los seres humanos encarnamos los propios estereotipos asociados a la edad que hemos ido interiorizando a lo largo de los años. Esto implica que ser edadista, sin hacer nada por evitarlo, juega literalmente en nuestra contra.

El edadismo es un fenómeno complejo que está influenciado por multitud de factores, incluidos los procesos cognitivos, la socialización, la cultura y las experiencias individuales. También es un fenómeno que, si bien sigue pasando inadvertido en nuestras sociedades, ocasiona una miríada de efectos negativos en nuestra salud y nuestro bienestar. Por suerte, aunque el cerebro muchas veces emplea atajos para conseguir un procesamiento rápido de la información, esto no significa que tengamos que ser necesariamente edadistas y estereotipar a otras personas en función de su edad. De hecho, podemos evitarlo.

Como médica y antropóloga, este fenómeno me resulta fascinante y he hablado sobre él ante diferentes audiencias por todo el mundo para intentar darle la visibilidad que se merece e impulsar los cambios que se necesitan para acabar con este «ismo» ignorado. Sin excepción, después de cada charla, varias personas se acercan para compartir sus propias experiencias o me escriben después de algún tiempo para mostrarme ejemplos de edadismo en política, campañas publicitarias, películas o series de televisión, libros que han leído, situaciones familiares o incluso tarjetas de cumpleaños. Una vez que sabemos lo que es, empezamos a verlo en todas partes. No se trata de una exageración, sino que es un reflejo de la realidad en la que vivimos: el edadismo está muy presente en todas las esferas de nuestra vida. Basta con leer el periódico o ver las noticias para enterarte de los últimos casos de edadismo: desde mujeres expulsadas de una discoteca por ser «demasiado mayores» para divertirse, hasta jóvenes profesionales forzadas a modificar su imagen para aparentar más edad y ser así respetadas en el entorno laboral, o el despido masivo de empleados mayores de cincuenta años de la plataforma de redes sociales X.[1] En el terreno de la política también ha surgido un edadismo rampante en los últimos años. Por ejemplo, los periodistas y comentaristas no han parado de cuestionar las aptitudes de Joe Biden para gobernar Estados Unidos debido a su edad.[2] En Finlandia, un vídeo filtrado en 2022 que mostraba a la entonces primera ministra Sanna Marin divirtiéndose suscitó reacciones sexistas y edadistas que pusieron en duda si salir de fiesta (y ser una persona joven) era compatible con dirigir el país. Precisamente a la propia Marin y a Jacinda Ardern, quien entonces era jefa de Gobierno de Nueva Zelanda, se les preguntó lo siguiente en una rueda de prensa: «¿Se reúnen solo porque tienen edades similares y muchas cosas en común, o los *kiwis* [habitantes de Nueva Zelanda] realmente pueden esperar ver más acuerdos entre estos dos países en el futuro?».[3]

Ardern, muy elegantemente, despachó esta pregunta, que no venía a cuento, contestando: «Mi primera pregunta es si alguien alguna vez preguntó a Barack Obama o a John Key [primer ministro de Nueva Zelanda entre 2008 y 2016] si se reunían porque tenían edades similares».

¿Por qué ahora?

Aunque el concepto de «edadismo» lleva con nosotros más de cincuenta años (desde que Robert Butler acuñó el término inglés de *ageism* en 1969), la investigación en este campo solo ha empezado a consolidarse en la última década. Esto significa que, por fin, ya podemos contestar a preguntas que antes no tenían respuesta. Por ejemplo, ¿a quién afecta el edadismo? o ¿qué consecuencias tiene en mi vida y cómo puedo evitarlo?

En los países hispanoparlantes las cosas han ido un poco más lentas. Así, no fue hasta finales del año 2022 cuando la Real Academia Española incluyó el término «edadismo» en el diccionario, y a pesar de varias idas y venidas, la definición no refleja el concepto en su triple dimensión (estereotipos, prejuicios y discriminación) y contiene un término —«anciano»— que muchos consideramos edadista en sí mismo.[4]

Espero que este libro sirva para poner el edadismo en su sitio junto a otras formas de categorización que dividen a la sociedad actual. Si comprendemos cómo funciona el edadismo y dónde se manifiesta, podremos aprender a identificarlo y comenzar a desafiarlo. También seremos capaces de liberarnos de las definiciones estereotipadas de la vejez y la juventud, y así definir nosotros mismos qué queremos ser y hacer en cada etapa de la vida. Todo ello resulta esencial, ya que hay indicios de que el edadismo está aumentando en nuestra sociedad.

Para abordar este tema, he dividido esta obra en cuatro partes. La primera presenta un recorrido por nuestro cerebro y nuestra cultura para explicar qué es el edadismo y cómo hemos llegado a usar la edad para dividir la sociedad y crear desventajas. En la segunda parte demostraré que el edadismo ya te está afectando, tanto porque está presente en tu actitud hacia los demás y hacia ti misma* (ya sea de manera consciente o inconsciente) como porque lo estás sufriendo en tu persona. En este apartado, presentaré además tres herramientas para ayudarte a detectar el edadismo. El edadismo no solo nos perjudica por las injusticias que suscita, sino que también daña nuestra salud física y mental. Asimismo, impone costes económicos y sociales importantes. De estos efectos del edadismo tratará la tercera parte del libro. Finalmente, en la cuarta parte, ofreceré cuatro herramientas para hacer frente al edadismo. Con esto pretendo plantear un futuro alternativo que dé cabida a todas las edades. Impedir la discriminación contra nuestro yo de hoy y del futuro, y acabar con las desventajas que sufren millones de personas en todo el mundo por el simple hecho de tener una edad determinada, implica empezar a cambiar las cosas desde ya.

---

* Nota sobre el uso del lenguaje en el libro: En este libro, la forma masculina se utiliza a veces para referirse a personas en un sentido colectivo. Por ejemplo, todos en vez de todas y todos. Esto se hace únicamente por simplificación lingüística y, de la misma manera, en ocasiones se ha utilizado el femenino de manera amplia para hacer referencia a la diversidad de lectores. Espero que este enfoque contribuya a una experiencia de lectura más inclusiva.

PRIMERA PARTE

La cultura, el cerebro y sus atajos

1

Qué es el edadismo

> Los ojos de los demás, nuestras prisiones; sus pensamientos, nuestras jaulas.
>
> Virginia Woolf, escritora

Empecemos por el principio: ¿qué significa la palabra «edadismo»? Se trata de un cómputo de tres dimensiones: estereotipos, prejuicios y discriminación. Aunque estas tres dimensiones están relacionadas y pueden trabajar juntas para perpetuar sesgos e inequidades, se refieren a tres aspectos diferentes.

Los estereotipos son creencias o ideas simplificadas y generalizadas sobre las características, rasgos, roles o comportamientos esperados de un grupo particular de personas (en este caso, hablamos de un grupo de una edad determinada).[5] Vivimos rodeados de estereotipos, que se expresan en televisión, películas, blogs y prensa. Nuestros amigos y familiares también tienden a tener creencias similares a las nuestras, y hablamos de estas creencias cuando nos reunimos con ellos o simplemente actuamos en consonancia con ellas.

Mucha gente piensa que las personas mayores son frágiles, aburridas y agradables, o que las personas jóvenes son enérgicas, desmotivadas y egoístas. Las creencias acerca de diferentes grupos de edad no tienen por qué ser las mismas en todos los países y contextos, pero sí que hay un binomio de estereotipos que se ha encontrado en gran parte del mundo: el de las personas mayores como cálidas y poco competentes, y las personas jóvenes como frías y muy competentes. También son frecuentes los estereotipos sobre etapas concretas que están estrechamente relacionadas con nuestra edad, ya sea la adolescencia o la vejez, y que nos hacen esperar determinados comportamientos como la irresponsabilidad y la apatía, respectivamente.

Como ocurre con todos los clichés, en los estereotipos puede haber algo de verdad, pero estas creencias se basan en suposiciones o percepciones sobre un determinado grupo etario que impiden apreciar la diversidad dentro del mismo y que distorsionan la realidad. Así, hazte la siguiente pregunta: ¿eres igual que todas las personas de tu misma edad? Lo más probable (o eso espero) es que hayas respondido que no. Haber nacido en un año determinado puede hacer que compartas vivencias comunes con otras personas (por ejemplo, haber experimentado la transición a un mundo digital o haber acabado el instituto durante la pandemia de la COVID-19), pero esto no significa que tu edad determine que tengas que compartir atributos ni que se puedan prever ciertos patrones de comportamiento y rasgos de la personalidad en función de tu edad. Tampoco hay nada objetivo o natural en las categorías de edad que usamos o los atributos adscritos a una edad o etapa vital concretas. Las construimos e interpretamos socialmente. Las etapas de la vida que manejamos (adolescencia, juventud, mediana edad, vejez) no son etapas objetivamente dadas de la vida humana, sino que las hemos creado, definido y dotado de relevancia cultural.[6] Dichas fases incorporan y reflejan juicios normativos sobre cuánto deben durar los ciclos de la vida y lo que corresponde a cada uno, así como su estatus. Actualmente, son las personas mayores, seguidas muy de cerca de las jóvenes, las que tienen el estatus más bajo en la sociedad occidental.

Piensa, además, que las fronteras que delimitan la vejez, la juventud y la mediana edad no se han mantenido constantes a lo largo del tiempo ni tampoco son las mismas en todo el mundo. El mayor énfasis en la educación y el retraso en el ingreso en el mundo laboral han prolongado el periodo de juventud. Por otro lado, antes se consideraba un logro llegar a los cuarenta o cincuenta años debido a la menor esperanza de vida, y estas edades marcaban el comienzo de la vejez. Pero los avances en la atención sanitaria y la mejora de las condiciones socioeconómicas han llevado a un aumento de la esperanza de vida, desafiando las connotaciones asociadas a los cuarenta o cincuenta años y haciendo «envejecer» a la vejez.[7] Un aumento considerable del número de centenarios en muchos países ha ampliado la vejez a límites insospechados, y es posible que tú mismo llegues a alcanzar los cien años. En España ya hay casi veinte mil centenarios, lo que significa que se ha quintuplicado su número en poco más de dos decenios.[8] Yo tengo la suerte de ser gallega y, aunque no soy de la Terra de Celanova, donde hay 252 centenarios por cada cien mil habitantes, tengo todas las papeletas para llegar más allá de los ochenta. Pero es que, además, la persona viva de mayor edad en el mundo era, hasta agosto de 2024, una española. Se trataba de María Branyas, quien había alcanzado los 117 años en marzo de 2024 y residía en Olot, Cataluña.

Existen asimismo variaciones entre culturas, de modo que se considera que la vejez comienza a los cincuenta años en Etiopía y a los sesenta años en Croacia. Estas diferencias las vemos incluso dentro de la misma región. En Europa, la gente percibe, de promedio, que la juventud termina a los cuarenta años y que la vejez comienza a los sesenta y dos. Pero la ubicación de estos límites varía, entre otras cosas, según el género, la edad y el país de la persona, y también según su propia autocategorización por edad.[9] Así, vemos que los noruegos consideran que el fin de la juventud llega a los treinta y cuatro años mientras que los griegos lo marcan a los cincuenta y dos; y los turcos marcan el comienzo de la vejez a los cincuenta y cinco, mientras que los griegos lo establecen a los sesenta y cinco (véase la figura 1).

A su vez, las mujeres en estos mismos países perciben el fin de la juventud y el inicio de la vejez más tarde que los hombres. Y a medida que vamos sumando años, desplazamos el inicio de la vejez y el fin de la juventud hacia delante. Además, existen diferencias entre las distintas culturas a la hora de medir la edad. En Occidente, las personas tienen cero años cuando nacen y ganan un año adicional de vida un año solar después, mientras que los sistemas de edad tradicionales de Asia Oriental consideran que tenemos un año al nacer y agregan años a su edad cada año nuevo lunar. Asimismo, es probable que

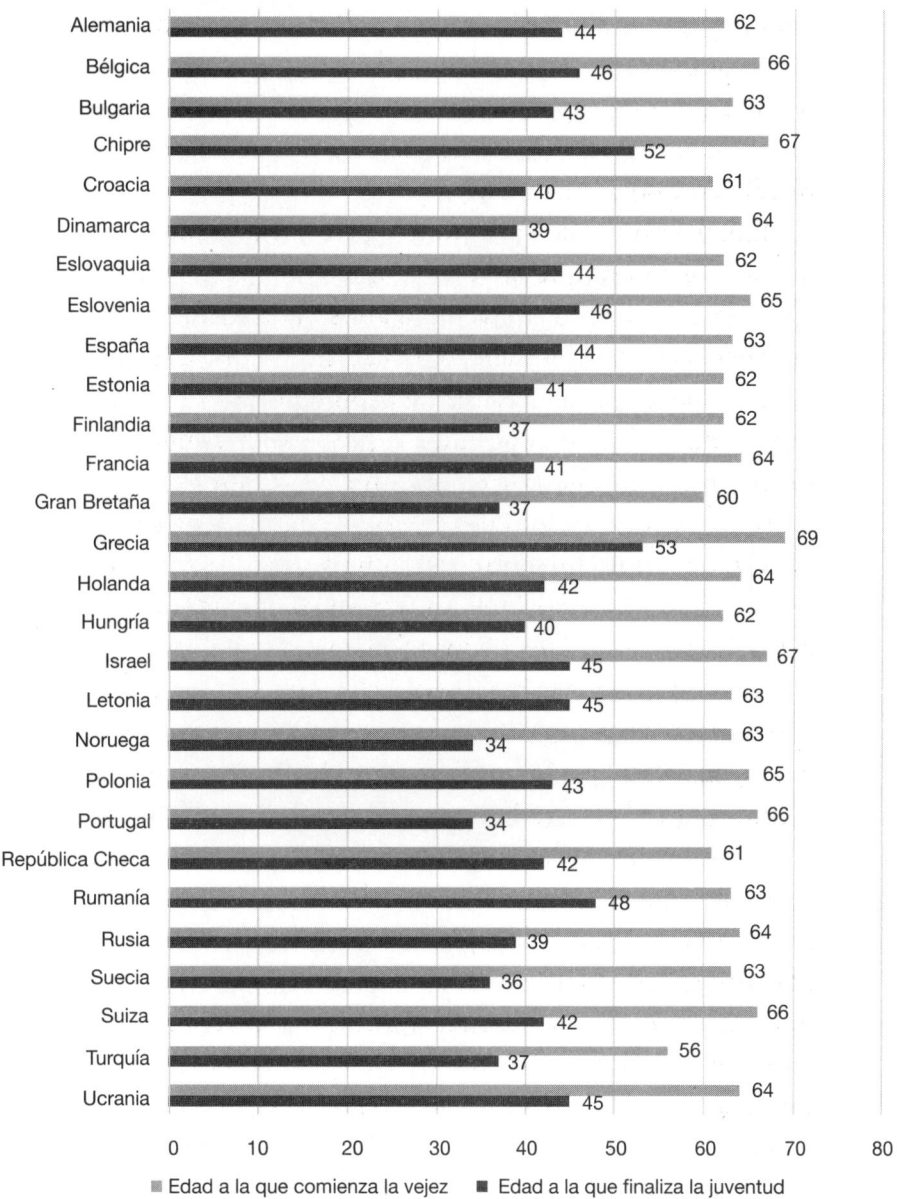

Figura 1. Fin estimado de la juventud y comienzo de la vejez.
Fuente: Gráfico de elaboración propia a partir de Swift *et al.* (2018).

califiquemos a alguien como mayor o joven con respecto a algún entorno o propósito. Por ejemplo, a menudo se considera que un atleta es mayor cuando llega a los treinta y que una persona es demasiado joven para jubilarse a los cuarenta y cinco años.

La edad mínima legal no es igual en todo el mundo. Esto ejemplifica de nuevo nuestra tendencia a imponer categorías incluso cuando no existen en la realidad. Un ejemplo claro es la mayoría de edad, que estipula el umbral en el que una persona alcanza la edad adulta a efectos legales. Aunque muchos países la sitúan en los dieciocho años, otros optan por establecer una edad más elevada o más baja. Así, en Indonesia la mayoría de edad se alcanza a los quince años, mientras que en Egipto es a los veintiuno. La arbitrariedad es incluso aparente dentro de un mismo país como Estados Unidos, donde se consideran diferentes umbrales dependiendo del estado (aunque la mayoría lo fijan en los dieciocho años, existen excepciones como Alabama y Nebraska, que lo sitúan en los diecinueve años o Mississippi, en los veintiuno). En este país existen además incongruencias evidentes, como que a los dieciocho años una persona pueda reclamar la independencia jurídica de sus padres o tutores, votar en las elecciones federales, casarse o alistarse al ejército, pero tenga que esperar hasta los veintiuno para poder beber alcohol.

La segunda dimensión del edadismo son los prejuicios, que hacen referencia a los sentimientos negativos que podemos albergar hacia un individuo en función de su pertenencia a un grupo social concreto. El prejuicio suele manifestarse como miedo, ira, aversión, incomodidad, desdén o incluso odio. Estas emociones pueden estar profundamente arraigadas e influir en los pensamientos, comportamientos e interacciones de un individuo con miembros del grupo estigmatizado.

Cada día, de innumerables maneras, debemos decidir si acercarnos o evitar a ciertas personas, situaciones y cosas, y nuestros prejuicios van a tener un peso en esas decisiones. En teoría, estos prejuicios nos permiten vivir de manera más eficiente, ya que nos ayudan a evitar encuentros potencialmente peligrosos (o eso queremos pensar). Pero inevitablemente limitarán nuestras experiencias.

La discriminación es la tercera faceta del edadismo y trata de las acciones que dirigimos hacia otras personas según su edad. Aquí los ejemplos abundan: anuncios de empleo que especifican requisitos de edad o periodos de prácticas interminables entre la gente joven; la práctica de bancos y aseguradoras de denegar el acceso a préstamos o a seguros médicos a personas mayores; o la digitalización forzosa a la que se nos somete para acceder a determinados servicios sin darnos otras opciones.

De manera intuitiva, la mayoría de la gente pensaría que las tres dimensiones del edadismo tienen una relación unidireccional que sería parecida a la siguiente:

Figura 2. Relación intuitiva entre las diferentes dimensiones del edadismo.

Según este gráfico, nuestra forma de pensar (estereotipos) afectaría a nuestra forma de sentir (prejuicios), y esta última a nuestra forma de actuar (discriminación). Sin embargo, las cosas no son tan sencillas. La figura 2 es incorrecta y esta equivocación es bastante común. Simplemente, nos resulta más fácil pensar que una cosa causa otra y que esta, a su vez, provoca la siguiente. Pero como muestro en la figura 3 a través de las flechas bidireccionales, las tres dimensiones del edadismo se influyen mutuamente. Mi forma de pensar puede afectar a mis sentimientos y acciones, pero mis acciones también pueden retroalimentar mis pensamientos y sentimientos, y lo mismo si empezásemos con mis sentimientos.

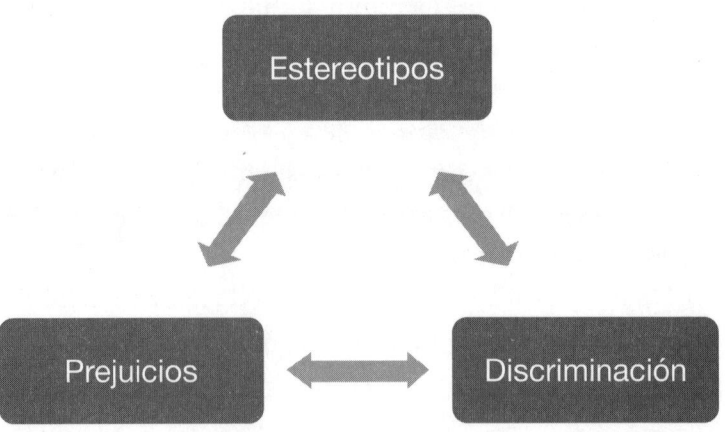

Figura 3. Relación real entre las diferentes dimensiones del edadismo.

La complejidad no acaba aquí. Ver a un miembro de otro grupo etario no significa que se activen automáticamente los estereotipos asociados al grupo. Además, una dimensión del edadismo no tiene por qué activar la otra.

Por ejemplo, tú puedes albergar el estereotipo de que las personas mayores son un coñazo y no por ello sentir aversión hacia ellas. Que se activen o no las dimensiones del edadismo y las correspondientes flechas de la figura 3 dependerá de diferentes factores, incluido el contexto en el que se producen. Tener un estereotipo de «persona joven = vaga» en un contexto laboral puede hacer que, si me ofrecen la opción de trabajar con una persona de veinte años en un nuevo proyecto, se active la dimensión de discriminación y la rechace y opte por trabajar con una persona de mi edad o parecida. Pero es muy posible que este estereotipo ni siquiera se active en mi cabeza si me encuentro a una persona más joven que yo haciendo la compra.

Además, podríamos pensar que el edadismo no va con nosotros; que la edad de las personas no afecta a nuestros juicios y que tratamos a todas las personas por igual. Sin embargo, debido a que todos hemos crecido en sociedades edadistas, tenemos una infinidad de estereotipos de edad incrustados en nuestra mente, y podemos reaccionar de manera edadista sin ser conscientes.[10] De hecho, incluso cuando pensamos que estamos siendo completamente justos, es posible que estemos aplicando nuestros estereotipos para justificar la discriminación. Por ejemplo, una junta comunitaria que baraja posibles instalaciones recreativas decide rechazar la propuesta de un grupo de personas jóvenes de crear un *skate park*. A pesar de estar muy bien documentada y presupuestada, algunos miembros de la junta justifican el rechazo de la propuesta citando estereotipos como que los jóvenes son irresponsables y demasiado inmaduros para comprender las necesidades a largo plazo de la comunidad. En este ejemplo, los miembros de la junta utilizan estereotipos para justificar su discriminación hacia este grupo de jóvenes.

Nuestros sesgos, además, se potencian cuando nos hallamos distraídos o bajo presión de tiempo. Piensa que tardas una décima de segundo en juzgar y formarte una primera impresión sobre alguien en función de su rostro. Para ello, tú, al igual que todos, haces suposiciones sobre esa persona que, a menudo, están basadas en la edad que tiene.

En muchos casos sí somos plenamente conscientes de nuestros pensamientos, sentimientos y acciones, así como del edadismo imperante en nuestra sociedad. No hace falta más que ver cómo el presidente actual de Chile, Gabriel Boric, cambió su forma de vestir durante la campaña electoral para aparentar más edad y, con ello, hacer frente a las acusaciones que sufrió de ser inexperto y demasiado joven para el puesto.

2

DE DÓNDE SALE EL EDADISMO

> El cerebro es una máquina para sacar conclusiones precipitadas.
>
> DANIEL KAHNEMAN, psicólogo,
> economista y escritor

Nuestro cerebro es maravilloso y está bastante bien diseñado para ayudarnos a sobrevivir. Pero también nos juega alguna que otra mala pasada. Como explicaré, el edadismo es un buen ejemplo de ello.

Para hacer frente a la enorme complejidad del mundo y simplificar la sobrecarga de información a la que estamos expuestos a diario, los seres humanos usamos categorías. Las categorías son atajos que nos permiten inferir significado de nuestro entorno; nos ayudan a organizar objetos, ideas y acontecimientos en grupos de atributos similares. De este modo, agrupamos a todos los animales que tienen pico, alas y plumas y que vuelan en la categoría «ave», mientras que aquellos que tienen pelaje, hocico y cuatro patas y emiten ladridos son «perros». La categorización implica la abstracción y diferenciación de aspectos de la experiencia clasificando y distinguiendo entre grupos sobre la base de rasgos, características, similitudes u otros criterios que se consideran universales para dicho grupo.

Categorizar nos ayuda porque hace que la información se identifique y recuerde más fácilmente. Además, nos permite hacer predicciones y tomar decisiones con mayor rapidez ante nuevos estímulos porque, en el instante en que se categoriza un objeto, se le asignan las propiedades que comparte con otros miembros de su categoría. Esto hace que no tengamos que extraer el significado de cada experiencia, lo que libera recursos cognitivos para realizar otras tareas.[11] Como han señalado muchos científicos cognitivos, la capacidad de generalización y razonamiento inductivo es fundamental para la supervivencia, ya que permite a un individuo razonar sobre algo nuevo basándose en experiencias o conocimientos pasados. Por ejemplo, tus experiencias pasadas viajando en avión influirán en lo cómodo que te sientas en un avión y en tu deseo (o miedo) de utilizar este medio de transporte.

Llevamos a cabo este proceso de categorización con objetos y seres vivos, incluidas las personas. Así, al igual que clasificamos los objetos en diferentes tipos (por ejemplo, sillas o zapatos), clasificamos a los individuos según su pertenencia a un grupo (como mujeres, taxistas, enfermeros, etc.). Esto se conoce como «categorización social».

Categorización social e identidad

La categorización social es el proceso cognitivo de clasificar a las personas conforme a diferentes categorías sociales, incluida la edad. Es un proceso rápido y automático: en menos de un segundo somos capaces, por ejemplo, de reconocer y clasificar a una persona según su género y su edad. Se trata de un mecanismo universal que puede resultarnos bastante útil al permitirnos hacer dos cosas: primera, determinar qué individuos pertenecen a una categoría concreta; y segunda, generar inferencias sobre los miembros de dicha categoría. Si te pierdes en una ciudad y se te ha acabado la batería del móvil, probablemente acudirás a un taxista para que te ayude a encontrar el camino. Esto es así porque sabes que es posible (basándote en experiencias pasadas o en información que has extraído de tu entorno) que conozca el trazado de las calles de la ciudad. Es verdad que podrías tener la mala suerte de encontrarte a uno que carezca de este conocimiento, pero las probabilidades de que esta categorización te resulte útil, en este caso concreto, son altas.

La categorización social nos ofrece ventajas adicionales. Que sigamos vivos como especie ha sido, en gran parte, gracias a la vida en comunidad: a compartir recursos y protección dentro de un grupo y a nuestra capacidad para gestionar coaliciones y conflictos con otros grupos. Las ventajas derivadas de la cooperación dependen del grado de reciprocidad que podamos esperar de los demás. Pero ¿cómo determinamos qué personas pertenecen a qué grupos?

Categorizar nos ayuda a establecer los límites entre

«nuestro grupo» y «los demás» y, de esta manera, proporciona —al menos teóricamente— la base para lograr los beneficios de la interdependencia cooperativa sin el riesgo de someternos a costes excesivos. Se entiende que cooperar con personas que no nos resultan familiares puede hacer que no obtengamos beneficio alguno, ya que este dependerá, al menos en parte, de la voluntad de estas personas de corresponder a nuestros actos.

Según esta teoría, los grupos sociales nos indican patrones de cooperación y competencia. Es posible que incluso la moralidad haya surgido como mecanismo para regular el comportamiento entre grupos de individuos no relacionados cuya supervivencia dependía de la cooperación grupal.[12] De hecho, las nociones de moralidad se integran en la representación de las categorías sociales de los niños, de modo que cuando aprenden nuevas pautas morales, los niños esperan que estas obligaciones se mantengan dentro de los grupos sociales.

Curiosamente, no solo categorizamos a los demás, sino también a nosotros mismos. La categorización social se diferencia de otras formas de categorización en que las personas se ubican en una (o más) categoría(s) para desarrollar su propia identidad. Así, implica una distinción entre el grupo que contiene el «yo» y otros grupos; entre «nosotros» y «ellos».[13] La pertenencia a un grupo nos aporta un beneficio psicológico. Nuestra edad y el grupo etario al que pertenecemos o sentimos que pertenecemos pueden ayudarnos a definir quiénes somos y a distinguirnos positivamente de los demás, reforzando ambas cosas un autoconcepto positivo. Y si nuestro grupo goza de estatus y distinción social, aún mejor, ya que entonces generamos también autoestima. Que una persona se categorice a sí misma en un grupo o no depende de la prominencia de esa categoría en la sociedad en general, pero también de la situación concreta. Por ejemplo, la categoría de «persona mayor» puede activársele psicológicamente a un individuo mayor si se encuentra en una sala llena de gente joven, pero no en una sala llena de personas de su misma edad. Del mismo modo, esta categoría estará mucho más presente si la persona forma parte de un grupo de defensa de los derechos de las personas mayores, ya que su labor favorecerá que piense con más frecuencia en su edad.

Las personas jóvenes y mayores se sienten más identificadas con sus respectivos grupos de edad que las personas de mediana edad. Es posible que esto se deba a las transiciones vitales que experimentan y que se consideran significativas socialmente, como la entrada en la edad adulta o la jubilación.

El desarrollo de la categorización social

Los sistemas de categorización social surgen sorprendentemente temprano en la vida y experimentan cambios a lo largo de la infancia. Hay dos sistemas implicados: uno, de abajo-arriba, y otro, de arriba-abajo. Con relación al primero, sabemos que los estímulos del entorno influyen considerablemente en la categorización. Así, percibimos características en los rostros y cuerpos de los demás que nos ayudan a categorizar a las personas según el sexo o la edad. De hecho, las personas escaneamos las facciones de una manera particular cuando se nos pide que estimemos la edad de caras desconocidas. Nos fijamos en determinados rasgos faciales: los ojos, que se vuelven más pequeños con la edad; los labios, que se vuelven más finos; y el tono de la piel, que se hace más desigual, texturizada y arrugada con el paso del tiempo. Y puede que suene a ciencia ficción, pero las exploraciones por resonancia magnética muestran que el cerebro guarda una imagen prototípica de las personas en una zona conocida como área facial fusiforme. Esta zona de nuestro cerebro reconoce y procesa la ubicación relativa de rasgos faciales como los ojos, la nariz y la boca, y se ha visto que nuestra precisión es mayor al estimar a qué grupo de edad pertenece un rostro (por ejemplo, niño, adulto joven, adulto o persona mayor) que al leer emociones en las caras de las personas (por ejemplo, felicidad o enfado).

El desarrollo de categorías sociales también implica identificar qué formas de clasificar a las personas son culturalmente significativas, cómo podrían usarse estas categorías para predecir, explicar y evaluar el comportamiento de otras personas, y cómo guarda relación la propia identidad con estos sistemas de representación. Esto es lo que hace el sistema arriba-abajo: mediante «señales sociales» que surgen de nuestra cultura y proceso de socialización, define expectativas y motivaciones con respecto a diferentes grupos sociales.

Los niños utilizan diferentes claves contextuales para determinar qué categorías sociales son relevantes en su entorno, incluido el tamaño proporcional del grupo, la segregación y los patrones de cooperación y conflicto intergrupal, así como las etiquetas presentes en su cultura. No es casualidad que los estadounidenses sean más propensos a clasificar a la gente según su color de piel, género u ocupación que según su religión o color de cabello, dada la relevancia social otorgada a estas diferentes características y formas de categorizar a las personas. Por supuesto, las cosas pueden (y suelen) ser distintas en otros entornos y culturas.

El lenguaje tiene una influencia especialmente poderosa en estos procesos de categorización social. Los niños tratan las etiquetas como «invitaciones a formar categorías» y, por tanto, suponen que los individuos comparten una categoría importante cuando se les pone la misma etiqueta. Varias investigaciones incluso sugieren que las señales verbales pueden ser más relevantes que las visuales para la categorización social. Por ejemplo, algunos estudios han demostrado que las señales visuales del sistema de abajo-arriba no son suficientes para que los niños más pequeños formen categorías sociales.

De la categorización social a los sesgos intergrupales

Hasta ahora hemos visto los beneficios de la categorización social: simplifica el procesamiento de la información, aporta autoestima y facilita la cooperación. Pero no todo es positivo. También puede fallar o simplificar en exceso nuestro entorno. Es más, los sesgos que podemos tener hacia otras personas en función de su edad son subproductos de procesos de categorización. El mecanismo que nos lleva de categorizar a las personas a tener sesgos es complejo, y la intensidad y naturaleza del sesgo depende de una serie de procesos y situaciones:

1. Las distorsiones de la realidad causadas por la categorización.
2. El tipo de relación entre grupos.
3. El contexto.
4. La motivación y la habilidad individual y las normas sociales.

Distorsiones de la realidad

La categorización distorsiona la realidad: hace que veamos el mundo no como es, sino conforme a las categorías que hemos creado. Estas distorsiones son de dos tipos. En primer lugar, cuando clasificamos a las personas y los objetos en grupos, tendemos a minimizar las diferencias reales entre los miembros de la misma categoría y a exagerar las diferencias entre grupos. Consideramos que los miembros de la misma categoría son más similares de lo que de verdad son y que los grupos son más distintos entre sí de lo que son realmente.

Esto lo vemos incluso en procesos de categorización simples. Si ahora mismo te mostrase una serie de seis líneas, las percibirías de manera diferente dependiendo de si estuviesen o no clasificadas en dos grupos. Así lo constataron Tajfel y Wilkes cuando realizaron un experimento en el que pidieron a los participantes que estimaran la longitud de unas líneas (véase la figura 4). En su estudio, realizado en los años setenta, presentaron ocho líneas de distintas longitudes en orden aleatorio y concluyeron que, cuando se agrupan (por ejemplo, usando una etiqueta «A» para señalar las líneas más cortas y una etiqueta «B» para las más largas), los participantes tienden a exagerar las diferencias en los límites del grupo. Esto significa que la diferencia entre las líneas 4 y 5 de la imagen se percibía como mayor cuando estaban presentes las categorías «A» y «B». También hallaron indicios de que las diferencias dentro de cada categoría (por ejemplo, dentro de todas las líneas «A») se percibían como menores. En resumen, los participantes encontraron una manera de «ver» las líneas cortas frente a las largas.

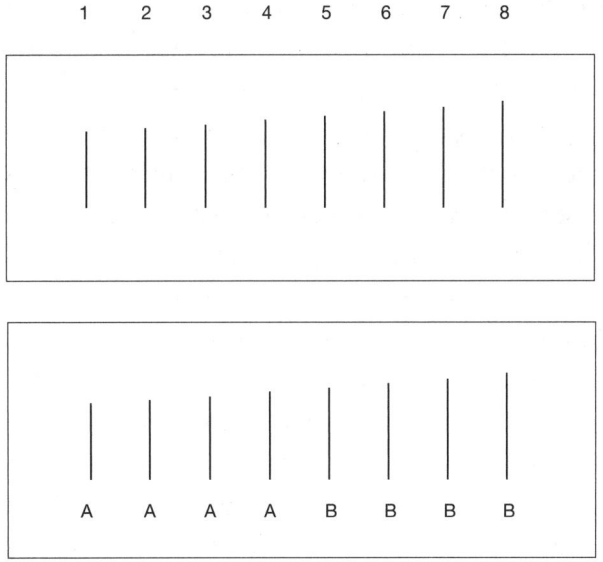

Figura 4. Acentuación perceptiva resultante de la categorización.
Fuente: Elaboración propia partiendo del estudio realizado por Tajfel y Wilkes (1963).

Se producen efectos parecidos cuando categorizamos a las personas. Quienes pertenecen al mismo grupo social nos suelen parecer más semejantes de lo que realmente son, del mismo modo que los individuos de otros grupos nos parecen más diferentes de nosotros de lo que son. La tendencia a observar una mayor uniformidad entre los miembros de un mismo grupo es especialmente acusada cuando se trata de grupos ajenos. Al homogeneizar a sus miembros, recurrimos a estereotipos con mayor facilidad, ya que dejamos de «ver» a sus integrantes como individuos concretos. El hecho de que el ser humano recuerde más fácilmente información que sustente que los miembros de un grupo se parecen y que se diferencian de los miembros de otros grupos no hace más que potenciar este tipo de distorsión.

La segunda distorsión consiste en que, al distinguir entre nuestro grupo y los demás, nos volvemos parciales. Favorecemos, de forma consciente e inconsciente, a nuestro propio grupo,[14] siendo más generosos e indulgentes con sus miembros que con los miembros de otros grupos. Mientras que en el nuestro excusamos comportamientos negativos como algo excepcional y elogiamos comportamientos positivos como inherentes al carácter de sus integrantes, asignamos el comportamiento negativo de miembros de otros grupos a características inherentes (por ejemplo, su personalidad). Además, las acciones positivas de personas de otros grupos nos parecen atípicas o casuales. Esto significa que percibimos la realidad de manera errónea, pensando que la pertenencia a una categoría está correlacionada con ciertos comportamientos y rasgos de la personalidad. Asimismo, tendemos a empatizar más con los miembros de nuestro grupo que con los de otros grupos (algo que incluso vemos en neuroimágenes) y podemos experimentar *Schadenfreude* (placer en respuesta a la adversidad de otros grupos) y *Glückschmerz* (descontento en respuesta a los triunfos de otros grupos). Importantes estudios en este campo liderados por el psicólogo social Henri Tajfel han demostrado lo potente que es esta segunda distorsión y de qué manera existen los grupos tan solo porque los individuos perciben que existen.[15] Si ahora mismo nos dividiesen en grupos completamente arbitrarios (por ejemplo, en función de si llevamos botas o zapatillas), mostraríamos favoritismo hacia el grupo que nos han asignado, incluso aunque no obtengamos beneficio personal alguno.

La forma en la que procesamos y retenemos información favorece esta segunda distorsión. El cerebro humano es capaz de procesar y retener información de una manera más detallada sobre quienes forman parte de nuestro grupo. Además, las personas codifican en la memoria comportamientos de miembros del propio grupo y de grupos ajenos en diferentes niveles de abstracción. Vemos una tendencia a describir conductas positivas del propio grupo y negativas del grupo ajeno en términos abstractos, y a describir conductas negativas del propio grupo y positivas del ajeno en términos concretos. Así, varios estudios han descubierto que las personas codifican las acciones indeseables de los miembros de grupos ajenos en niveles abstractos que presuponen intencionalidad y rasgos inalterables (por ejemplo, «Ella es hostil»). Comportamientos idénticos de los miembros del grupo propio son codificados en niveles concretos que sugieren excepcionalidad (por ejemplo, «Ella abofeteó a la niña»). Por el contrario, las personas codifican acciones deseables en un nivel concreto para los integrantes del grupo ajeno («Ella ha pintado un cuadro bonito») y en un nivel más abstracto para los miembros del grupo propio («Ella es creativa»). Esto hace que consideremos las acciones deseables como más estables y probables dentro de nuestro grupo y como meras excepciones si se dan en otros grupos. Estos procesos mantienen estereotipos positivos acerca del propio grupo y negativos acerca del resto. También recordamos preferentemente estereotipos e información menos positiva sobre los miembros de grupos diferentes del propio, nos fijamos más en información que está en consonancia con nuestras creencias y, si podemos, buscamos preferentemente aquellos detalles que coincidan con nuestra visión prefijada de los demás. De este modo, cuando vemos a individuos de determinados grupos sociales actuar de cierta manera, tendemos a recordar mejor la información que confirma nuestros estereotipos que la que los contradice. Por ejemplo, si creemos que los jóvenes son delincuentes y vemos a una chica cometer un delito, entonces tendemos a recordarlo, pero cuando vemos a una joven que realiza servicios comunitarios tendemos a olvidarlo. Hacemos encajar nuestras percepciones del mundo con nuestras creencias, ya que esto nos resulta más fácil que cambiar nuestras creencias para adaptarlas a la realidad que nos rodea.

Y estas creencias empiezan temprano. Una niña de preescolar ya ha aprendido qué categorías por edad son relevantes y qué estereotipos se corresponden con ellas en su cultura. Esto sucede a través de la comunicación verbal y no verbal que ha tenido con su familia y entorno próximo y de los comportamientos que ve retratados en los medios y en la literatura. Lo que decimos y cómo lo decimos influye en gran medida en este proceso. Las generalizaciones, ya sean de cosas positivas, neutrales o negativas, como «las niñas pueden ser lo que quieran», «las personas mayores comen cosas diferentes» o «los jóvenes aman la tecnología», comunican que podemos saber cómo es alguien simplemente conociendo su género o edad.

Según los resultados de un estudio efectuado por Rhodes y otras investigadoras, los niños de dos años que escuchaban generalizaciones acerca de un grupo inferían que los miembros de dicho grupo compartían características permanentes que los diferenciaban del resto. En dicho estudio, se presentó a los niños una forma nueva e inventada de categorizar a las personas: «zarpies». Si solo escuchaban declaraciones sobre individuos específicos (por ejemplo, «**Estos** zarpies susurran cuando hablan»), los niños continuaban tratando a las personas como seres individuales a pesar de que todos estaban marcados con la misma etiqueta y vestían ropa similar. Pero si escuchaban la misma información como una generalización (por ejemplo, «**Los** zarpies susurran cuando hablan»), comenzaban a pensar que los «zarpies» eran muy diferentes de los demás. Escuchar generalizaciones llevó a los niños a pensar que ser miembro del grupo determinaba cómo serían sus integrantes.[16] Otros estudios similares hallaron que escuchar este tipo de generalizaciones (aunque ninguna sea negativa) también puede llevar a que los niños compartan menos recursos (por ejemplo, pegatinas de colores) con personas de fuera de su propio grupo social. Estos hallazgos muestran que escuchar generalizaciones, incluso positivas o neutrales, alimenta estas dos distorsiones y contribuye a la tendencia a ver el mundo a través de la lente del sesgo.

Los estereotipos se pegan como el chicle. Debido a que son tan accesibles cognitivamente y a que parecen tan «correctos», nuestros estereotipos influyen en nuestros juicios y respuestas hacia aquellos a quienes hemos categorizado. Y, una vez establecidos a través de la socialización, es difícil desmantelarlos, convirtiéndose en resistentes «monstruos cognitivos».

En el año 2006, el psicólogo Aiden Gregg y otros compañeros realizaron un estudio en el que crearon grupos sociales ficticios entre los que distribuyeron a los participantes. Uno de los grupos se estereotipó como bueno y el otro como malo. Se propusieron ver cómo podían cambiar la visión que la gente tenía de los grupos después de que hubiesen sido estereotipados. Intentaron agregar nueva información que contradijese los estereotipos; les dijeron a los participantes que a lo largo de los años los miembros de los grupos habían cambiado significativamente e incluso llegaron a decirles que habían confundido los nombres al hacer la distribución, y que todo lo que creían saber sobre los grupos era completamente al revés. Fue completamente en vano. Las preferencias automáticas originales de los dos grupos persistieron.

Este fenómeno lo vemos también con claridad en la persistencia de los estereotipos de edad a lo largo del tiempo. Existen estudios transculturales que han demostrado que, aunque los estereotipos de edad varían en las diferentes culturas, dentro de ellas parece haber poca variación con el paso del tiempo.

El tipo de relación entre grupos

Sociólogos y psicólogos coinciden en que el conflicto entre grupos puede propiciar el salto de la categorización social a los sesgos. El conflicto suele surgir de relaciones de competitividad en las que un grupo percibe amenazas de otro grupo.

Cuando los grupos compiten entre sí, cada uno intenta producir resultados positivos para sí mismo y frustrar los objetivos del otro. Esto puede desencadenar sentimientos, estereotipos y discriminación hacia los miembros de otro grupo, sobre todo cuando nuestra identidad está estrechamente unida a aquel grupo al que consideramos que pertenecemos.[17] En este caso, las necesidades, objetivos y estándares de nuestro grupo se hacen más importantes, lo que puede cambiar la forma en la que vemos y respondemos a los demás. De esta manera, se fomenta un creciente «amor hacia el propio grupo» y «odio hacia los otros grupos», que se intensifica cuanto mayor sea nuestra identificación con aquellos a quienes consideramos semejantes.

Los esfuerzos para sacar al otro grupo de la competencia pueden conducir a la discriminación y al crecimiento y solidificación de estereotipos y prejuicios. Uno puede expresar actitudes negativas hacia los miembros de otro grupo en un intento de convencer tanto al propio grupo como a otros de la falta de valor de los competidores. Oponerse a políticas y programas que benefician a otro grupo es otra estrategia para eliminar la competencia.

La competición entre los grupos ni siquiera tiene que ser evidente. En ausencia de información directa, la gente suele suponer que los miembros de otros grupos son competitivos y obstaculizarán el logro de sus objetivos. Además, las amenazas que presentan otros grupos y sustentan el conflicto no son solo materiales, sino que también pueden ser de tipo simbólico (por ejemplo, poder político, prestigio, sistema de creencias o valores, etc.). De hecho, los factores simbólicos y psicológicos suelen ser más importantes en el sesgo intergrupal que los recursos tangibles. En el edadismo hay un tipo de amenaza que parece desempeñar un papel importante. Se trata de una amenaza de tipo existencial que se percibe con respecto a las personas mayores porque estas últimas recuerdan que la muerte es inevitable, lo que hace querer distanciarse de la población mayor.

El contexto

El contexto también influye en la presentación de sesgos, ya que hará más o menos relevantes y accesibles los estereotipos que tengamos acerca de otros grupos. Por ejemplo, en situaciones en las que se nos compara o se hace evidente un conflicto entre nuestro grupo y otros, es más probable que los estereotipos se activen. Estas situaciones hacen más prominente la categoría social. Como consecuencia, aumentan la probabilidad de que formemos preferencias por nuestro grupo, hagamos inferencias sobre los comportamientos de las personas en función de su pertenencia a una categoría o esperemos que los miembros de un mismo grupo compartan similitudes esenciales. La prominencia de la categoría de edad fue mayúscula, por ejemplo, durante la pandemia de la COVID-19 al plantearse, desde la política y los medios de comunicación, como un problema de las personas mayores. Las medidas implementadas enfatizaron aún más la edad al emplearla como criterio para determinar el acceso a recursos limitados y para aplicar medidas de aislamiento que permitiesen frenar el avance de contagios.

Si echamos la mirada más atrás, veremos que, durante el siglo pasado, la edad cronológica se ha vinculado cada vez más a prácticas y normas institucionalizadas y, por tanto, ha adquirido mayor relevancia en la vida de las personas. De esta manera, nuestra cultura ha resaltado la categorización etaria y propiciado la creación de sesgos. El entorno físico es un ejemplo. Existe una segregación cada vez mayor de diferentes grupos de edad en todas partes, paralelamente a las separaciones por estado civil, ingresos, origen étnico y religión. La sociedad nos empuja a ir por la vida con aquellas personas que pertenecen a nuestra misma cohorte etaria; a no mezclarnos con otras de edades diferentes a la nuestra. Esto hace que perdamos la oportunidad de apreciar la diversidad e individualidad que poseemos y crea un ambiente propicio para la proliferación de sesgos.

Por otro lado, en situaciones de gran exigencia (por ejemplo, si tenemos que procesar mucha información al mismo tiempo, tomar diferentes decisiones o si el tiempo para pensar es limitado), nuestras capacidades cognitivas estarán limitadas y tenderemos a activar solo la categoría que sea más relevante y accesible en el contexto en el que nos encontremos.

Motivación, habilidades individuales y normas sociales

Otra variable que modera el uso de sesgos tiene que ver con la motivación y la habilidad individual que tengamos para anular una respuesta estereotipada. Así, es más probable que apliquemos estereotipos cuando no estemos motivados para hacer lo contrario.

Las normas sociales que regulan la vida en comunidad influyen en nuestra motivación. Por ejemplo, si nuestra sociedad condena el edadismo, querremos parecer libres de prejuicios, lo que, a su vez, puede impedir que los estereotipos de edad que tengamos interiorizados condicionen nuestro comportamiento. Por otro lado, las convenciones sociales edadistas pueden conducir a la perpetuación de prácticas discriminatorias incluso en ausencia de creencias negativas relacionadas con la edad. Cierto es que, independientemente de las normas sociales, no todas las personas tienen la misma motivación para enfrentarse a sus propios sesgos. En Europa, las personas de entre cincuenta y sesenta y cuatro años son las que parecen tener un mayor nivel de motivación para controlar sus sesgos hacia otros grupos de edad, y España es uno de los países donde se detecta menor preocupación por moderar estos sesgos.

Cabe señalar, además, que mientras que detectar la presencia de ideas estereotipadas es una tarea sencilla y que se puede realizar independientemente de cualquier otra demanda cognitiva, inhibir la activación de estereotipos, reemplazando estos pensamientos con distractores adecuados, es una tarea mucho más exigente que requiere esfuerzo y recursos cognitivos apropiados. Además, uno de los aspectos irónicos de estos esfuerzos de control mental es que tratar de evitar el uso de estereotipos puede entrañar una hiperaccesibilidad de los mismos. Es decir, el propio acto de intentar no pensar en términos estereotipados puede en realidad aumentar el grado de activación del estereotipo. De esta manera, si estamos cognitivamente ocupados, distraídos o bajo presión de tiempo, o si la motivación para la supresión se ha relajado por cualquier motivo, podríamos no ser capaces de controlar la hiperaccesibilidad creada por los esfuerzos de supresión, y fracasar al intentar controlar la aplicación de estereotipos.

Como vengo explicando, el cerebro tiene tendencia a adoptar estrategias o mecanismos que simplifican nuestro mundo y que, aunque pueden no producir respuestas correctas, son eficientes. Sin embargo, esto no significa que no tengamos influencia en estos procesos de categorización social y, sobre todo, no implica que no podamos evitar sesgos en función de la edad.

Los sesgos son salvables. Aunque la categorización social nos puede predisponer hacia la creación de sesgos, no es causa suficiente para que los tengamos. Esto es así por varios motivos. En primer lugar porque, aunque la categorización es un proceso fundamental de la percepción humana que facilita nuestro funcionamiento como animales sociales, no es estática. En segundo lugar porque podemos entrenarnos para seguir procesos más individualizadores y precisos cuando mantenemos relaciones con miembros de otros grupos. Esto lo veremos en detalle en el capítulo 9, pero antes de llegar allí, veamos de qué manera está ya instaurado el edadismo en tu vida.

SEGUNDA PARTE
Tú también

3

Eres edadista

No vemos el mundo como es; lo vemos como somos nosotros.

Anaïs Nin, escritora

La mayoría pensamos que no somos edadistas. Sin embargo, lo más probable es que sí lo seamos. A fin de cuentas, hemos crecido en una sociedad edadista y, como veíamos en el capítulo anterior, ello influye en la categorización social que hemos elaborado y la consiguiente formación de sesgos por edad. A nivel mundial, una de cada dos personas es edadista hacia las personas mayores, y aunque no tenemos datos similares que nos permitan saber el nivel de edadismo hacia personas jóvenes, es posible que las cifras sean similares.

Además, llevas años de entrenamiento. El edadismo empieza a los cuatro años, momento en el que ya somos conscientes de los estereotipos de edad que existen en nuestra cultura. Incluso yo misma, habiendo trabajado en este campo durante muchos años y luchado por acabar con este fenómeno, me encuentro de tanto en tanto en situaciones embarazosas de edadismo en forma de automatismos que me hacen dudar de la valía de una persona por los años que tiene o pensar que alguien se mantiene muy bien a pesar de su edad. ¿Por qué a pesar de su edad? ¿Por qué iban a influir en su valía los años que tenga una persona? Este tipo de apreciación nubla nuestra visión y hace que consideremos la edad como un ancla o algo negativo, en lugar de algo neutro.

Es posible que seas edadista incluso sin darte cuenta. Por ejemplo, fíjate en tu forma de hablar cuando interactúas con personas mayores. ¿Adoptas un lenguaje sencillo, un tono de voz elevado y el uso de diminutivos, de manera parecida a lo que harías si estuvieses hablando con un bebé? Quizá lo haces con la mejor de las intenciones, pensando que el uso de este lenguaje infantilizante va a mejorar la comunicación. Pero párate a pensarlo un minuto. ¿Por qué haces esta adaptación? ¿Realmente crees que una persona mayor, por el hecho de haber acumulado un mayor número de cumpleaños, tiene una capacidad cognitiva menor que la tuya? Vayamos a los datos. A nivel mundial, en 2015, el alzhéimer y otras demencias afectaban a cuarenta y siete millones de personas en todo el mundo, lo que representa alrededor del 5 por ciento de la población mundial mayor de sesenta y cinco años. ¿Por qué suponemos entonces que una persona mayor no nos va a entender?

La infantilización no se queda ahí. Muchas veces hablamos de «nuestros mayores» o «nuestros chicos» como si tuviésemos la posesión de estos grupos de población de edades diferentes a la propia. También es posible que hayas ignorado a gente mayor o más joven que tú. Esto es algo muy común en el sector de la salud, donde los profesionales tienen la tendencia a hablarles a los familiares del paciente mayor que tienen delante en vez de al propio paciente. En los espacios públicos ocurre lo mismo. Si vas a un parque y decides sentarte en un banco, es más probable que lo hagas al lado de una persona mayor o de mediana edad que de una persona joven. Esto es así porque asocias delincuencia con juventud. Yo misma lo he hecho incluso a los veintipocos años. Por suerte, hoy estoy más entrenada, y este tipo de sesgos no se cuelan tan fácilmente en mi día a día.

Otro recuerdo que me viene a la cabeza proviene de mi etapa universitaria. En mi primer año en la facultad había un señor de unos cincuenta y cinco o sesenta años en mi clase que, tras una primera licenciatura en otro ámbito, había decidido perseguir su sueño de estudiar Medicina. Era la única persona mayor en una clase de más de cien personas de dieciocho años y casi toda la gente, en vez de intentar entablar una conversación con él, como con cualquier otro estudiante, lo ignoraba solo porque no encajaba dentro del perfil de estudiante de primero de carrera.

Es verdad que la forma en la que está organizada la vida no ayuda a que exista mayor integración. Hoy en día, la vida está configurada de manera tripartita: un periodo de educación, uno de actividad laboral y otro de jubilación. Este esquema nos fuerza, en cierto modo, a tener un curso vital parejo al de nuestra cohorte de edad. Vamos a la guardería, al colegio, al instituto y a centros de formación superior con nuestros coetáneos. Ni siquiera en el mundo laboral, que plantea, de manera natural, innumerables posibilidades de integración etaria, se está aprovechando la fuerza de las plantillas multigeneracionales. Y no solo eso. Como mostraré en el siguiente capítulo, este es uno de los sectores donde ya es probable que estés sufriendo bastante edadismo.

Te propongo, además, que te tomes unos minutos para contar el número de amigos que tienes de mayor o menor edad que la tuya. Y no estoy hablando de una diferencia de unos pocos años. Hablo de diferencias de más de quince o veinte años. Lo más probable es que no llegues a contar dos. En Europa, casi el 30 por ciento de las personas de quince años o más dice no tener ningún amigo mayor de treinta años y el 53 por ciento afirma no tener amigos mayores de setenta. El 80 por ciento de las personas de entre quince y veinticuatro años afirma no tener amigos mayores de setenta años, y el 70 por ciento de los mayores de setenta y cinco años no tiene amigos menores de treinta.[18]

La segregación por edad es una de las consecuencias de la industrialización. Con su auge, el Estado empezó a imponer normas que hacían uso de la edad cronológica para determinar la asistencia a la escuela o para recibir pensiones. Esta segregación institucional de las personas en función de su edad se extendió a la segregación espacial. Así, poco a poco, dejamos de ocupar el mismo espacio que personas de edades diferentes a la nuestra y, por tanto, dejamos de interaccionar y de participar en actividades conjuntas. Basta pensar en las Casas da Xuventude que existen en Galicia o los Casals de Gent Gran de Cataluña, o las múltiples actividades que se estructuran en torno a la edad (orquestas juveniles, universidad de mayores, etc.). También hemos aceptado demasiado alegremente el que se hayan erigido residencias de personas mayores en sitios apartados en los que aparcar la vejez de forma que no moleste y no se vea. En definitiva, cada vez es más difícil encontrar lugares donde personas de diferentes edades puedan interactuar.

El hogar no es muy diferente. En España, se estima que el número de personas que viven solas llegará a constituir casi el 30 por ciento del total de los hogares en 2037, y el mayor porcentaje de viviendas unipersonales están constituidas por personas mayores, en su mayoría mujeres.

Esto no solo está ocurriendo en España. En 2016, casi dos tercios de los hogares de la Unión Europea estaban compuestos por una o dos personas. Y aunque las encuestas y los datos de los censos de las últimas décadas muestran que es más probable que las personas vivan solas en los países de ingresos altos, este patrón de vivienda unipersonal lo empezamos a ver también en países de ingresos más bajos como Botsuana, Bolivia o Vietnam.[19]

Por suerte, cada vez hay más voces críticas con la configuración tripartita de la vida, que no solo se ha quedado obsoleta para la sociedad del siglo XXI, sino que además limita las oportunidades de encuentro entre personas de diferentes edades. En su libro *La vida de 100 años*, los escritores Lynda Gratton y Andrew J. Scott sostienen que tenemos que repensar esta estructura de vida tradicional y adoptar otra de múltiples etapas en la que la edad no defina cada una de ellas. Por ejemplo, propiciando trayectorias profesionales flexibles que permitan entradas y salidas en el mercado laboral y un aprendizaje continuo que nos pueda conducir a diferentes vidas profesionales y mantenernos adaptados a un entorno cambiante.

Ser edadista también pasa por aplicar estereotipos que se consideran positivos como «las personas jóvenes son expertas en tecnología» o «las personas mayores son sabias». Al ser generalizaciones, estos pensamientos pueden ser igualmente falsos y dañinos. De hecho, no se encuentra una relación directa entre la sabiduría y ser mayor, ni envejecer y acumular experiencias de vida son suficientes para volvernos sabios.

Son las experiencias y las oportunidades que tenemos en nuestro entorno las que nos permitirán darle valor al aprendizaje que hayamos experimentado e influirán en nuestra sabiduría. De manera similar, la capacidad de la gente joven para dominar las nuevas herramientas digitales depende en gran medida de sus condiciones socioeconómicas y de su entorno familiar. En cuanto a los efectos de estas ideas preconcebidas, imagínate que en el entorno laboral supones que el miembro más joven de tu equipo va a estar a la última en todo lo que tiene que ver con las redes sociales y comunicación web y que, por ello, lo sobrecargas con este tipo de trabajo, lo que queda fuera de lo que contempla su contrato y los objetivos por los que lo has fichado para el puesto. Estarás poniendo a esta persona en una tesitura muy difícil y valorando potencialmente su desempeño según criterios que no habéis acordado.

Es posible que no des importancia a otro tipo de edadismo más sutil. Este es el que vemos en las tarjetas de cumpleaños que enviamos a otras personas, los proverbios o frases que usamos a menudo o los chistes que contamos. Es lo que llamamos microagresiones basadas en la edad de una persona.[20] Son pequeños gestos, comentarios y desaires que se relacionan con la edad y que se manifiestan en lo cotidiano. Estas microagresiones colocan a las personas jóvenes y mayores en una posición inferior en diferentes ámbitos y contribuyen a la desigualdad. Por ejemplo, cuando decimos «soy mayor, pero tengo espíritu joven», lo que realmente estamos diciendo es que, a pesar de ser mayor, seguimos teniendo energía y ganas de comernos el mundo. Pero ¿por qué iba a ser la edad un indicador de nuestra motivación y nuestro estado de ánimo? De la misma manera, cuando ignoramos, invalidamos o excluimos las realidades y sentimientos de personas mayores o jóvenes de nuestro entorno estamos cometiendo microagresiones.

Como veíamos en la primera parte del libro, el lenguaje es un modo de acción. La forma en que hablamos sobre el mundo influye en nuestro modo de comprenderlo y clasificarlo. Las expresiones que usamos no se limitan a describir una realidad, sino que también la crean o la constituyen activamente. Y lo que vemos gracias a los ejemplos presentados en la página siguiente es que el edadismo está en boca de todos nosotros.

Es posible que pienses que el uso de estas expresiones no es dañino; que simplemente son bromas que no tienen importancia. Pero el humor y el lenguaje son vehículos muy eficientes de sesgo que juegan un papel crítico en la infantilización, deslegitimación y deshumanización de las personas según su edad y en la justificación de las desventajas que sufren. Piensa en cómo ha permitido el humor la condonación de actitudes machistas en nuestra sociedad. Por suerte, chistes como «¿Qué hace una mujer fuera de la cocina? Turismo» ya no provocan la risa y ni siquiera se acepta socialmente su uso irónico en campañas de sensibilización en contra de la violencia de género.[21] Por desgracia, aún estamos lejos de ver ese rechazo ante chistes edadistas, y este tipo de microagresión es muy común. En un estudio realizado en 2023 en

Chistes en tarjetas de cumpleaños	Expresiones comunes	Refranes[22]
–Todavía parece que tienes veinte años… desde la distancia. –Oh, Dios mío, ¿ya tienes 50? –Tu carruaje te espera… (con la imagen de un andador). –Puede que estés envejeciendo, pero al menos no estás caducado. –No puedes evitar envejecer, pero no tienes por qué ser mayor.	–Eso es cosa de viejos. –Eres un viejuno. –No estás en edad de… –Pareces una vieja, todo el día quejándote. –Abuelo batallitas. –Soy mayor, pero tengo espíritu joven.	–Loro viejo no aprende a hablar. –Cuando joven, de ilusiones; cuando viejo, de recuerdos. –A barba moza, vergüenza poca. –La paciencia no está entre los jóvenes. –La juventud es el único defecto que se cura con la edad. –Vejez, mal deseado es. –A la vejez, se acorta el dormir y se alarga el gruñir. –El hombre viejo en su tierra es extranjero. –Vejez enamorada, chochera declarada. –La vejez es segunda niñez. –Ni perlas ni diamantes hacen a una vieja elegante. –Vejez y belleza no andan juntas en una pieza. –No hay vieja sin queja. –El mozo, a trabajar, y el viejo, a descansar. –¿Qué es la vejez? Estornudar, toser, gruñir y preguntar qué hora es. –Antes faltarán peces en el mar que le falten al viejo cosas que contar. –Vieja que baila mucho polvo levanta.

Figura 5. Ejemplos de microagresiones por edad en tarjetas de cumpleaños, expresiones comunes y refranes.

Estados Unidos, que tomó una muestra de unas doscientas tarjetas de cumpleaños, se encontró que aquellas que empleaban humor mostraban más mensajes edadistas que las que no empleaban chistes.[23] Las expresiones y refranes edadistas también refuerzan estereotipos y normas sociales existentes sobre qué comportamientos, roles o apariencias son apropiados para las diferentes edades.

Aunque no seamos nosotros mismos los que usemos este tipo de lenguaje y hagamos esta clase de chistes, una sonrisa cómplice con una broma o expresión edadista o un simple asentimiento bastan. Todo suma. Este tipo de comportamiento legitima el edadismo y contribuye al cómputo total de micro y macroagresiones por edad que sufren las personas cada día.

El edadismo tiene otras vías de escape como el dibujo. De hecho, si te pidiese ahora mismo que dibujases a una persona mayor, probablemente recurrirías a los mismos identificativos que has visto en tu entorno y que no hacen más que perpetuar estereotipos. Por ejemplo, pintarías a una persona encorvada con un andador o un bastón. Esto no es casualidad. Lo has visto millones de veces al subirte al metro o al coger el bus. Sorprendentemente, la Dirección General de Tráfico (DGT) incluyó esta misma imagen en una nueva señal (Señal P-21b) en el año 2023 para alertar sobre el «peligro» por la proximidad de un lugar frecuentado por personas mayores, como una residencia, generando bastante revuelo en algunos círculos. Y este tipo de representación es la que habrás visto en las películas o los libros que leíste (o te leyeron) en la infancia, incluidas las muchas historias que o no tenían personajes mayores o, si los tenían, representaban a gente mayor con rasgos exagerados y normalmente negativos, como la bruja de Blancanieves o Mr. Scrooge en *Cuento de Navidad*; la primera, malvada y el segundo, de mal carácter.[24] Los cuentos ofrecen modelos a seguir a los niños, y, en situaciones en las que no tienen otros referentes, este tipo de representaciones puede ser su única fuente de información acerca de las personas mayores, alimentando sin freno los sesgos por edad.

¿Quién es edadista?

Aunque todos tenemos muchas papeletas para ser edadistas, hay personas que tienen más que otras. Sabemos que los hombres y las personas con menor nivel educativo y que temen más a la muerte son más propensas a ser edadistas hacia las personas mayores. Y aquellas que tienen más conocimiento acerca del envejecimiento y los diferentes grupos de edad, así como mayor contacto con personas de diferentes edades, tienen menos papeletas para serlo tanto hacia la gente joven como hacia la gente mayor.

Curiosamente, los más edadistas no son siempre quienes pensaríamos. Las personas mayores, por ejemplo, a menudo muestran actitudes más negativas acerca del envejecimiento que las de otras edades. Así, en Estados Unidos, se ha visto que la población mayor tiene más probabilidades que otros grupos etarios de oponerse a programas federales que beneficien a su grupo y también de estar de acuerdo con declaraciones discriminatorias, tales como «las personas mayores son una carga para la sociedad». Las personas mayores, sobre todo aquellas que se encuentran en un momento fronterizo entre la mediana edad y la vejez, muchas veces ponen distancia psicológica entre sí mismas y los individuos de edad similar. De hecho, a menudo perciben a personas de su misma edad como mayores, pero se ven a sí mismas mucho más jóvenes y como excepciones más que como miembros de la población de más edad. Asimismo, tienden a mostrar una fuerte preferencia implícita por los jóvenes y por ser ellos mismos jóvenes. Es muy posible que esta sea una respuesta adaptativa para tratar de evitar la estigmatización que la sociedad dirige hacia la población mayor.

Hasta aquí hemos visto de qué manera es posible que ya estés siendo edadista. Me he centrado en ejemplos menos evidentes, ya que confío en que te será más fácil detectar casos obvios de edadismo como insultos, una interacción paternalista o la denegación de recursos a una persona en función de su edad. Ahora bien, es posible que te estés preguntando cómo saber si estás siendo edadista en situaciones menos notorias. La verdad es que esto requiere práctica y, aun así, es probable que no siempre te des cuenta. Pero sí que puedes hacer algo para aumentar la probabilidad de detectarlo: imaginar que siempre llevas puestas unas gafas, parecidas a las que acompañan a algunos libros infantiles para descubrir cosas que no son apreciables a simple vista. Al igual que aquellas, estas gafas te ayudarán a ver cosas que hayas dejado de notar. Tu forma de mirar el mundo ya está influenciada por el edadismo, por lo que te resultará difícil ser consciente de su ubicuidad y aceptación social sin la ayuda de un recordatorio. Por ello, es preciso que te acuerdes siempre de estas gafas, ya que, si las tienes en mente, no te olvidarás de que no percibes el mundo como es, sino a través de un filtro o sesgo de edad. Este simple truco te ayudará a estar más atento al edadismo que manifiestas.

4

Sufres edadismo

Mal de muchos, consuelo de tontos.

Refrán popular

Estábamos en el coche con mis padres de camino a ver a mis tíos y yo debía de tener unos seis años. Iba en el asiento de atrás, pegada a la ventanilla, con mi prima en el centro y mi hermana mayor al otro lado. Mi prima estaba emocionada contándole algo a mi hermana. Yo, queriendo integrarme en lo que parecía que iba a ser algo increíble, pregunté de qué hablaba y mi prima me soltó un «Eres demasiado pequeña para entenderlo». Mi prima tenía entonces diez años y mi hermana nueve. Este es el primer recuerdo que tengo de una situación en la que se me excluyó por mi edad. Obviamente, no me gustó ni pizca, pero no tenía nada que hacer. No podía obligarla a que me dijera a mí lo que fuese que le había contado a mi hermana, así que me quedé en el coche frustrada e impotente.

La otra cara del edadismo es que nos toca sufrirlo.

Es una forma de sesgo que reparte para todos, ya que todos seremos jóvenes y muchos (cada vez más) llegaremos a la vejez. Así que, a diferencia de otros «ismos», como el sexismo o el racismo, nadie se salva. Las situaciones de edadismo pueden ser muy diversas e incluir casos menores, como el que acabo de compartir, o más serios.

En España, se estima que alrededor del 40 por ciento de la población percibe la discriminación por edad (hacia cualquier grupo) como algo grave.[25] Y es que el edadismo está muy presente en nuestras vidas. Como mínimo, una de cada tres personas tanto en España como en Europa afirma haber sufrido edadismo, siendo las personas entre los quince y los veinticuatro años las que más dicen haberlo sufrido, seguidas de las personas de entre sesenta y cinco y setenta y cuatro años y las de setenta y cinco o más.

En el trabajo o nos explotan o nos rechazan

A esa primera vivencia de edadismo que tuve cuando era niña le han seguido muchas otras, sobre todo una vez que empecé a trabajar. En una macroconferencia sobre el envejecimiento, después de una mesa redonda en la que participaba el director del departamento en el que yo misma trabajaba como técnica, me encontré la siguiente situación. Yo me hallaba entre el público, y tras finalizar la ponencia, se me acercaron dos participantes y me dijeron: «Disculpa, ¿eres la secretaria del ponente? ¿Te importaría darnos su contacto o presentarnos?».

La pregunta me descolocó tanto por la cantidad de cosas que se habían presupuesto acerca de mí por mi juventud que balbuceé malamente que intentaría ver si podía presentarlos. En otras ocasiones, incluso después de muchos años trabajando en el sector, se me ignoraba o se pensaba que de ninguna manera podía ser la persona responsable de la Campaña Mundial contra el Edadismo de la Organización Mundial de la Salud. A veces, como he comentado anteriormente, me preguntaban si podían hablar con la persona adecuada. Así que he ahí la paradoja: hasta trabajando para acabar con el edadismo lo he sufrido. Y es que nadie se libra, y estoy segura de que me quedan muchas situaciones de edadismo por sufrir y posiblemente mucho más dañinas si llego a la vejez y no hemos logrado cambiar las cosas.

También estoy convencida de que tú tendrás muchas vivencias propias. El entorno laboral es un campo de minas edadistas a lo largo de la vida, así que es bastante probable que este sea el contexto de algunas de tus experiencias. De hecho, la edad es el principal factor de acoso y discriminación en el trabajo. Según una encuesta realizada por Glassdoor en Estados Unidos, Reino Unido, Francia y Alemania, un 52 por ciento de los empleados entre los dieciocho y los treinta y cuatro años y un 39 por ciento de los de cincuenta y cinco años o más dicen haber sufrido o presenciado edadismo en el trabajo. Las formas que adopta en estos dos momentos de la vida son, hasta cierto punto, diferentes. Cuando somos más jóvenes afecta más a nuestro acceso a un empleo con unas condiciones y un salario apropiados o a la posibilidad de que se nos tome en serio y se pida nuestra opinión. Prevalece la creencia de que en ese momento vital carecemos de experiencia y que sin ella no tenemos nada que aportar.

En esta etapa se nos empuja a poner un pie en el mercado laboral, muchas veces a cualquier precio. Así, con la justificación de brindar la oportunidad de adquirir la experiencia requerida, se proponen periodos de prácticas o pasantías no remuneradas interminables o con salarios ridículos (muy a menudo inferiores al salario mínimo), en vez de primeros trabajos dignos. Se estima que alrededor de 3,7 millones de jóvenes realizan prácticas en Europa como primera experiencia profesional, la mitad de los cuales no reciben remuneración.[26] Además, este tipo de oferta perpetúa otras desigualdades, pues permite a estudiantes con mayor poder adquisitivo mejorar sus currículums mientras que otros pierden oportunidades al no poder vivir sin ingresos. Y, a pesar de venderse como el escalafón necesario para conseguir un empleo digno o mejorar las perspectivas laborales posteriores, una de cada tres personas no encuentra trabajo después de haber completado unas prácticas. Varios informes han sugerido, además, que las prácticas no remuneradas suelen tener un impacto negativo en los salarios posteriores o incluso, en algunos casos, en las posibilidades de encontrar empleo. Al no estar reguladas en muchos países, o estar solo sujetas a una regulación deficiente, las prácticas continúan, en muchos casos, abiertas a abusos y explotación.

Las prácticas no son el único problema. El acceso al empleo también está obstruido por el edadismo. En el cuarto trimestre de 2023, cerca del 50 por ciento del paro en España lo representaban personas de entre veinte y veintinueve años (25 por ciento) y personas de entre cincuenta y cincuenta y nueve años (22 por ciento). El desempleo de menor duración tiende a concentrarse entre la población joven mientras que el de larga duración lo hace en la población mayor. Así, alrededor del 36 por ciento de los parados de uno a tres meses de duración se hallan en la franja de edad de los veinte a los veintinueve años, y la población de entre cincuenta y cincuenta y nueve años concentra casi el treinta y cuatro por ciento del paro de larga duración (dos o más años de búsqueda de empleo). Y más allá de la gente que busca empleo, cuando nos referimos a la situación laboral en la segunda mitad de la vida, es conveniente hablar de solicitantes de empleo desanimados. Se trata de personas que ya no buscan trabajo por diferentes motivos, entre ellos, haber perdido la esperanza de encontrarlo. En 2022 había en España más de un millón de solicitantes de empleo desanimados. El 50 por ciento tenía entre cincuenta y cinco y sesenta y cuatro años, siendo la mayor parte mujeres. Esto no es exclusivo de España. Daniel Valencia, un hombre de cincuenta y un años que vive en Chile, contaba en 2024 que, tras perder su trabajo, se había presentado a cerca de mil quinientos puestos de trabajo sin recibir respuesta y llevaba tres años sin un empleo estable.[27] Su historia refleja una situación más amplia en Chile, donde la tasa de desempleo de las personas de entre cincuenta y sesenta y cinco años era 1,6 veces superior en el año 2023, en comparación con la de antes de la pandemia de COVID-19. Además, las personas de este grupo etario tardan más en volver al mercado laboral, con una espera de hasta siete meses para aquellos de entre cincuenta y cincuenta y nueve años, y de un año para los mayores de sesenta.[28]

En efecto, el acceso al empleo se complica a partir de los cuarenta y cinco. En un experimento realizado para investigar el edadismo en el mercado laboral español, se mandaron alrededor de 1.600 currículums ficticios a más de 800 vacantes de empleo reales en Euskadi, Barcelona y Madrid en diferentes sectores (atención al cliente y venta al detalle y administración de empresas).[29] Se enviaron dos currículums a cada vacante, uno de una persona de treinta y cinco años y otro de una de cuarenta y nueve. Los resultados mostraron una discriminación por edad significativa hacia los candidatos mayores, que recibieron la mitad de invitaciones para una entrevista, independientemente de su género, nivel de cualificación y responsabilidad del puesto. Lo que este estudio y otros similares sugieren es que las personas mayores deben mandar aproximadamente el doble de solicitudes a fin de obtener una invitación para una entrevista de trabajo. Ante este panorama, no resulta sorprendente que muchas personas se desanimen y dejen de buscar empleo. La mayoría somos conscientes de esta situación: en Europa, el 56 por ciento de la gente piensa que tener cincuenta y cinco años o más es una desventaja en procesos de contratación.[30] Además, uno pensaría que, con estos datos, y ante una vida laboral cada vez más prolongada, las empresas deberían estar reaccionando, pero la realidad es bien diferente. En España, por ejemplo, tan solo el 30 por ciento de las empresas ha tomado alguna medida en relación con este talento de mayor edad.[31]

Asimismo, no son pocos los testimonios de personas jóvenes que alcanzan puestos de dirección y son cuestionados por parte de la plantilla directiva o por los trabajadores que tienen a cargo. Manel, un hombre de treinta y un años, alcanzó un cargo de directivo tras haber demostrado las competencias necesarias en la gran empresa en la que trabajaba. Casi de la noche a la mañana pasó de compañero a jefe de un equipo de diez personas que incluía a empleados de mayor y de menor edad que la suya. Esta transición no fue sencilla.

Sus decisiones eran cuestionadas y tenía que justificar hasta el más mínimo detalle para que los miembros de su equipo las respaldasen. Los más jóvenes continuaban viéndolo como un colega y los mayores como un pipiolo. Otras personas por encima de él hicieron lo posible por minar su confianza e intentar que abandonase su nueva posición. Por suerte, Manel perseveró y consiguió convencer a quienes pusieron en duda su valía, pero ello tuvo un coste tanto para la empresa (horas invertidas para sobrejustificar decisiones) como para él mismo (menor satisfacción con la compañía y, menor sensación de pertenencia, mayor estrés, etc.).

Si eres mujer o sufres desventajas por otras causas, es probable que estas se sumen al edadismo. Mis propias experiencias de edadismo en el trabajo, y también las de otras muchas mujeres, han estado marcadas por una clara intersección entre edadismo y sexismo.[32] Emma Waldman, una joven profesional, escribió sobre su vivencia en *Harvard Business Review*. Recién salida de sus estudios de posgrado y tras varios periodos de prácticas, Emma consiguió un trabajo como asistente editorial en una de las editoriales más grandes del mundo. Estaba orgullosa de haber conseguido el empleo, pero este sentimiento duró poco. En su segunda semana, su jefa la llamó a la oficina y le pidió que montase una lámpara de IKEA que acababa de recibir, una tarea para la que claramente no la habían contratado. Otras mujeres han tenido que lidiar con apodos infantilizantes como «jovencita» o han experimentado una falta de credibilidad al ser cuestionadas constantemente acerca de su competencia o conocimientos («Y tú, ¿cómo es posible que sepas eso?»). Incluso existen testimonios de mujeres a las que directamente se les ha dicho que no fueron seleccionadas para un puesto porque se consideró que eran demasiado jóvenes.

No es de extrañar que muchas jóvenes profesionales intenten aparentar más edad para que se las tome en serio o que profesionales de más edad intenten esconder signos de vejez para evitar que se las discrimine. En una encuesta llevada a cabo en cuarenta y seis países, casi el 80 por ciento de las mujeres participantes afirmaron haber sufrido edadismo en algún momento de su carrera profesional, con dos picos destacables: en la primera década de la trayectoria profesional (40,7 por ciento) y tras superar los veintiún años de carrera (55,9 por ciento).[33] Las experiencias son de todo tipo. Desde presión para abandonar la posición o acceso limitado a oportunidades hasta un trato injusto en procesos de reclutamiento o de promoción y exclusión en la toma de decisiones.

Al igual que yo, es posible que tras haber leído todo esto, encuentres cierta ironía en el hecho de que la palabra «precariedad» contenga la palabra «edad».

En la sanidad nos olvidan

Quizá hayas oído hablar de la edad biológica y de cómo se diferencia de la edad cronológica de una persona. La edad biológica mide la edad de nuestras células y tejidos, mientras que la cronológica tiene en cuenta cuánto tiempo hemos vivido desde que nacimos. La diferencia entre ellas varía mucho de unas personas a otras. No todos envejecemos al mismo ritmo. Algunos tenemos una edad biológica mayor que la cronológica y viceversa.

La edad biológica comienza a separarse de la cronológica cuando nacemos o incluso cuando somos concebidos. La separación está influida por la herencia genética, pero también —y en mayor medida— por factores externos como el estilo de vida, la alimentación o la calidad del sueño. Esta diferencia entre lo que dice nuestro pasaporte y lo que marca un análisis de nuestras células y tejidos no hace más que resaltar que nuestra edad cronológica es un marcador poco fiable de nuestra capacidad física y mental. De hecho, hay personas de ochenta años con una capacidad física y mental comparable a la de una persona de treinta y cinco, mientras que otras de cuarenta pueden presentar diferentes comorbilidades. En el capítulo 1 te hablé de María Branyas, la mujer que fue la persona viva de mayor edad en todo el mundo hasta agosto de 2024. Según diferentes estudios, la edad de sus células era catorce años inferior a la que marcaba su DNI. Aquí vemos un claro ejemplo de que la edad cronológica es un indicador pobre de nuestra edad biológica.

A pesar de que tal distinción es cada vez más reconocida, esto no se ha trasladado a la práctica médica. La edad cronológica del paciente se sigue usando, consciente e inconscientemente, lo que influye en la calidad y exactitud del diagnóstico y en el acceso a tratamientos y medidas preventivas. En España, una de cada cuatro personas mayores ha visto cómo un profesional sanitario achacaba su malestar o dolencia a algo propio «de la edad».[34] En igualdad de condiciones, se ha visto que, si dos hombres de diferente edad se presentan en una clínica describiendo dificultades puntuales para mantener una erección, al joven se le diagnosticará, con mayor probabilidad, ansiedad en el desempeño del acto sexual mientras que el paciente de mayor edad recibirá un diagnóstico de disfunción eréctil.[35] De la misma manera, otro estudio encontró que si dos personas de diferente edad se presentan hipotéticamente en una clínica cumpliendo todos los criterios de depresión mayor (según la CIE-10), los médicos diagnosticarán, con mayor probabilidad, al paciente joven con depresión o ansiedad y al paciente mayor con demencia o enfermedades físicas.[36] Obviamente, estas diferencias de diagnóstico basadas tan solo en la edad cronológica determinarán el tipo de tratamiento que se prescribirá. De hecho, en el segundo estudio, los médicos recomendaban la psicoterapia, la farmacoterapia, el tratamiento hospitalario o la derivación a un especialista con mayor probabilidad al paciente joven que al mayor, para quien se recomendaba apoyo psicológico con mayor frecuencia.

En el ámbito de la salud mental, otra de las consecuencias de la mirada edadista es la facilidad para prescribir tratamientos farmacológicos a pacientes mayores (sobre todo si son mujeres) ante afecciones que responden a la psicoterapia. Los datos de un estudio realizado en Alemania, Italia, España, Suiza, Inglaterra e Israel lo demuestran. En dicho estudio, la principal intervención sanitaria que recibieron las personas mayores que solicitaron ayuda por problemas de salud mental fue farmacológica (en un 71 por ciento de los casos), seguida de una consulta individual de unos 20 minutos de duración con un médico o terapeuta (57 por ciento), una consulta breve con un terapeuta o médico (28 por ciento) y sesiones grupales (6 por ciento).[37] Estos datos contrastan, además, con estudios que señalan que las personas mayores muestran preferencia por recibir tratamiento psicoterapéutico por encima del tratamiento farmacológico o tratamiento combinado para afecciones como la depresión o la ansiedad.

Existe, asimismo, una tendencia social a racionalizar la depresión y considerar que las tendencias suicidas son «normales» y «lógicas» en la población mayor. Como consecuencia, los profesionales de la salud son menos propensos a ofrecer tratamiento a pacientes mayores con depresión y tendencias suicidas que a pacientes más jóvenes.[38] Esto impide un acceso igualitario a medidas preventivas y tratamientos adecuados y puede tener resultados nefastos. En España, las personas mayores de setenta y cinco años son el grupo que presenta la tasa más alta de mortalidad por suicidio, afectando sobre todo a hombres. Para hacer referencia a este trato desigual por parte de los profesionales de la salud mental, en inglés se han acuñado el acrónimo YAVIS, que significa «joven, atractivo, verbal, inteligente y exitoso» para describir al grupo de pacientes preferido por los profesionales de la salud mental, y su antónimo HOUND, que significa «hogareño, viejo, fracasado, no verbal y tonto».

Por otro lado, los estereotipos que sostiene la sociedad y que, por tanto, están presentes en los profesionales de la salud llevan a que no se hagan las preguntas que se deben cuando un paciente entra en una clínica o a que se den ciertas cosas por sentadas. Por ejemplo, partir de la premisa errónea de que no existe actividad sexual en la vejez hace que los profesionales de la salud no pregunten acerca de la salud sexual de las personas mayores. Como consecuencia, empezamos a ver en muchos países un alza de casos de infecciones de transmisión sexual en la población mayor que, para más inri, es probable que no haya recibido nunca educación en este ámbito y que, por tanto, adopte sin saberlo conductas de riesgo para su salud, como no usar preservativo. El hecho de que la menopausia no haya recibido apenas atención en la investigación, en la práctica médica y en las políticas implementadas es otro reflejo de los sesgos existentes, en este caso hacia las mujeres mayores. Es desconcertante que a pesar de que este proceso fisiológico afecta a la mitad de la población, continúe invisibilizado o se sobremedicalice sin ningún tipo de control dejando a millones de mujeres sin el apoyo y la atención necesarios.[39] Nuestra edad también se emplea, de manera injusta, para determinar el acceso que tendremos a tratamientos médicos. Conforme vamos cumpliendo años, es menos probable que, en caso de necesitarlos, tengamos acceso a respiradores, intervenciones quirúrgicas o máquinas de diálisis, sobre todo si somos mujeres. Por ejemplo, las mujeres de cincuenta años en estado crítico tienen menos probabilidades de recibir intervenciones para salvar su vida en comparación con hombres de la misma edad o personas más jóvenes. Esto se refleja en un menor acceso y unas estancias más cortas en la UCI en igualdad de condiciones de salud, y en un acceso limitado a recursos básicos como la respiración mecánica.[40]

Esto puede ser una cuestión de vida o muerte, sobre todo en situaciones en las que los recursos sean particularmente escasos. Durante la pandemia de la COVID-19, el racionamiento de recursos básicos (como unidades de cuidados intensivos y respiradores) que se aplicó en diferentes países en función de la edad cronológica de los pacientes condenó a muerte a millones de personas mayores en todo el mundo, especialmente a aquellas que vivían en residencias.[41] En Italia, un país muy golpeado por el virus, la Sociedad Italiana de Anestesia, Analgesia, Reanimación y Cuidados Intensivos (SIAARTI) sugirió la necesidad de considerar un límite de edad para el ingreso en la UCI, y entrevistas realizadas a médicos italianos en 2020 mostraron que se empleó un punto de corte basado en la edad como criterio de racionamiento de recursos. En España, el hospital Vall d'Hebron de Barcelona sugirió no asignar respiradores a pacientes mayores de ochenta años. Las primeras versiones de las directrices de la Academia Suiza de Ciencias Médicas, emitidas en marzo de 2020, incluyeron la edad máxima de ochenta y cinco años como criterio de acceso a la UCI en un contexto de mayor escasez de recursos.[42] El racionamiento basado en la edad también surgió en debates éticos. En Estados Unidos, un bioeticista y miembro de los Institutos Nacionales de Salud propuso un límite de edad de setenta u ochenta años para la respiración mecánica durante la pandemia como «razonable y justo», siempre que se ofrecieran cuidados paliativos, porque «no quedan muchos años de vida con salud y funcionamiento relativamente buenos».[43] Diversos estudios empíricos muestran, además, que muchas personas de a pie apoyan algún tipo de racionamiento basado en la edad.

Como comentaba con anterioridad, utilizar la edad como indicador de la salud, el funcionamiento o la capacidad física o mental de una persona es simplemente erróneo porque supone que todas las personas de una determinada edad cronológica son iguales a nivel biológico y que su respuesta al tratamiento será, por tanto, la misma. Existen casos de individuos nonagenarios y centenarios que han sobrevivido a la COVID-19, incluso después de haber estado en la UCI. Por ello, considerar categóricamente la edad cronológica no hace más que reforzar unos supuestos falsos acerca del estado de salud de un grupo etario muy diverso.

Para empeorar aún más las cosas, acceder a un tratamiento en la vejez tampoco garantiza nada. A las personas mayores se las ha excluido sistemáticamente de los ensayos clínicos, lo que significa que sabemos muy poco acerca del perfil de eficacia y de seguridad de la mayor parte de los medicamentos que existen en el mercado. Irónicamente, esto es así incluso para aquellas enfermedades que son más comunes en la vejez, como el alzhéimer o la enfermedad de Parkinson. Tan solo en el año 2019, la Agencia de Investigación Biomédica de Estados Unidos, la más importante del mundo, publicó unas directrices que exigen que los ensayos clínicos tengan un plan para reclutar a participantes de todos los grupos de edad, incluidas las personas mayores, y que, en caso de no incluir determinados grupos etarios, se justifique.

Por otro lado, resulta paradójico que, a pesar de que es la población mayor la que se ve de forma predominante en las consultas médicas, independientemente de la especialidad escogida —quitando pocas excepciones como la pediatría—, los profesionales de la salud apenas reciben la formación necesaria para atender las necesidades de este grupo poblacional. A enero de 2024, solo alrededor del 60 por ciento de las facultades de medicina en España incluía una asignatura obligatoria relacionada con la geriatría o el envejecimiento. Esto es así a pesar de existir desde 1990 una legislación que exige la inclusión de esta temática en la carrera de medicina. Y, aunque pueda parecerte mentira, ni siquiera las personas que imparten esta asignatura son geriatras, en su mayor parte.

La geriatría es la especialidad médica dedicada al cuidado de la salud y el bienestar de las personas mayores y se reconoció oficialmente en España en 1978. En la actualidad, es improbable que el número de geriatras titulados activos llegue a los dos mil, y aunque el número de plazas MIR está aumentando, no lo está haciendo a un ritmo suficiente para cubrir las necesidades demográficas del país. La situación es similar en el cuerpo de enfermería.[44] Por otro lado, la distribución de la atención geriátrica es muy desigual en España, y crea inequidades entre comunidades autónomas y entre poblaciones dentro de una misma comunidad.

Si bien el edadismo en el entorno sanitario nos afecta

sobre todo cuando somos mayores, esto no significa que salgamos indemnes en la juventud. Por ejemplo, en Australia, más del 70 por ciento de los participantes en un estudio con personas de entre doce y veinticuatro años declaró sufrir edadismo en el entorno sanitario, siendo este el entorno donde más edadismo sufrían, seguido de la escuela, los lugares públicos y el contexto laboral. Si nos adentramos en estas experiencias, un 95 por ciento de los jóvenes indicó haber sido tratado con desprecio; un 90 por ciento, haber visto que se desestimaban sus opiniones; y un 78 por ciento se sintió estereotipado (por ejemplo, se supuso que mentían o que seguían prácticas de riesgo) por parte de los profesionales sanitarios.[45] Dos de los testimonios recogidos en dicho estudio incluían lo siguiente:

- «Fueron necesarios seis años e innumerables citas con diferentes médicos de cabecera y especialistas para confirmar un diagnóstico porque nadie me tomaba en serio debido a mi edad» (mujer, 21-24 años).
- «[Varios profesionales de la salud] decían que estaba buscando analgésicos porque era adicta y que solo quería salir de fiesta» (mujer, 21-24 años).

En la justicia nos perjudican y en la política nos hacen burla

El estereotipo que equipara «juventud» con «delincuencia» no siempre se queda en una idea preconcebida. Los delitos cometidos por delincuentes más jóvenes provocan mayor ira y son percibidos como transgresiones más graves; además, se considera que esas personas merecen un castigo más severo que las de más edad.[46]

De la misma manera, como se presume que la juventud es una etapa banal de poca implicación, la incursión de personas jóvenes en la política es cuestionada y objeto de burla. En el año 2022, el número de miembros del Parlamento Europeo menores de treinta años era igual al número de parlamentarios llamados Martin: seis.[47] En muchas instancias se descartan las aportaciones de los jóvenes y los niños y existe un intento de limitar sus esfuerzos como si estos no fuesen legítimos. No hay más que pensar en casos como el de la activista Greta Thunberg.

Y según sumamos años, se cuestiona que podamos asumir las exigencias de la política, tal y como se ha visto con Joe Biden en Estados Unidos.

En los bancos nos penalizan

El sector financiero es conocido por su claro edadismo hacia los clientes de más edad. En Chile, el ingeniero Fernando Pardo del Campo saltó a las noticias al alzar la voz en contra de la discriminación que empezó a sufrir en las entidades donde no le permitían abrir una cuenta ni solicitar tarjetas por su edad cronológica.[48] Situaciones parecidas han vivido muchas otras personas en todo el mundo, incluido un hombre de ochenta años en Madrid al que se le negó la posibilidad de abrir una cuenta en un banco «por no cumplir con su política de admisión».[49]

Por suerte, personas mayores como Pardo han comenzado a alertar sobre estas situaciones. En 2023, un grupo de dieciséis personas mayores presentó en Chile una denuncia ante el Servicio Nacional del Consumidor debido a la negativa injustificada para obtener tarjetas de crédito, abrir cuentas, acceder a créditos o simplemente por discriminación arbitraria. En España, Carlos San Juan impulsó el movimiento «Soy mayor, no idiota», en defensa de la atención presencial gratuita en la banca. Este esfuerzo, sumado a otras voces, ha conseguido que se plantee una ley de defensa del cliente financiero en España y que ya no se permita cobrar comisiones por retirar dinero en efectivo en ventanilla. Como veremos en el capítulo 11 del libro, es necesario este tipo de movilización para cambiar las cosas.

En la tecnología y la innovación nos excluyen

¿Y en el mundo de la tecnología? Aquí, pasar de los treinta casi te convierte en dinosaurio. Está tan extendido el edadismo en el mundo tecnológico que se habla incluso de «edadismo de Silicon Valley». Al final, esta expulsión de la población mayor de los avances tecnológicos no hace más que acrecentar una brecha digital que deberíamos ir cerrando en vez de abriendo.

En el desarrollo de cualquier producto nuevo, rara vez se consulta a personas mayores, lo que hace que gran parte de la innovación no satisfaga las necesidades que podamos tener en la vejez. Lo cierto es que ni siquiera aquellos productos diseñados para la población mayor responden a sus necesidades y preferencias. Y es que se sigue manteniendo un modelo de desarrollo *para* y no *con* las personas mayores, de manera que los productos no son más que un reflejo material de los muchos estereotipos que tiene la sociedad acerca de la vejez y la población mayor. Esta ceguera también ha hecho que la tecnología pensada para las personas mayores se haya centrado mayoritariamente en dos campos: servicios sanitarios y sociales, como si no tuviésemos otras necesidades tecnológicas en la vejez. Aunque ahora empezamos a ver algunos cambios, el edadismo en este contexto sigue siendo notorio, y solo hay que darse un paseo por el Mobile World Congress que se celebra en Barcelona cada año para comprobarlo. He asistido ya a dos convocatorias y, a pesar de acudir siempre con la esperanza de ver una innovación más inclusiva, no he dejado de llevarme chascos. En 2024 me encontré con un teclado para móviles diseñado para personas mayores y que supuestamente tendría que facilitar la escritura. El tamaño de las teclas era minúsculo. Como es bien sabido —o eso pensaba yo—, con la edad tendemos a perder la capacidad de enfocar de cerca y a tener dificultades para ver la letra pequeña en un libro, etc. Sobra decir que no se consultó suficientemente a la población objetivo para el desarrollo de esta tecnología. La discriminación por edad también se encuentra en las aplicaciones de móvil. Por ejemplo, se ha acusado a apps como Tinder de ofrecer tarifas diferentes a los usuarios según su edad.[50] Aunque es una aplicación de citas gratuita, los usuarios pueden pagar una tarifa de suscripción mensual o anual para obtener funciones adicionales y ha trascendido que llega a cobrar hasta cinco veces más a los usuarios mayores de treinta años. No nos podemos permitir mirar hacia otro lado y dejar que el edadismo campe a sus anchas y continúe aumentando la brecha digital, pues corremos el riesgo de que esto pase a hacerse a muy gran escala con la rápida incursión de la inteligencia artificial (IA) en nuestra vida. Hace unos años tuve la ocasión de alertar acerca del riesgo de perpetuar o introducir nuevas formas de edadismo con el uso de las tecnologías de IA dedicadas a la salud. Las bases de datos que nutren los algoritmos utilizados por la IA, muchas veces no incluyen datos representativos de la población mayor y, por tanto, estas tecnologías pueden dar predicciones o hacer sugerencias incorrectas. Al mismo tiempo, como los algoritmos que nutren la IA se basan en datos históricos, este tipo de tecnología puede replicar prácticas edadistas del pasado (por ejemplo, en el acceso a tratamientos médicos) a gran escala y mientras se tiene la falsa sensación de que, al tratarse de una máquina, no va a funcionar con sesgos.

Lo más sorprendente cuando hablamos de tecnología e innovación es la imagen tan equivocada que nos hacemos. Estoy segura de que si te pido que pienses en empresarios que han tenido éxito, te vendrá a la mente alguien joven y brillante: un Bill Gates de veinte años fundando Microsoft, o unos Larry Page y Sergey Brin cofundando Google con veinticinco. Sin embargo, esta imagen es bastante irreal. La probabilidad de tener éxito en el emprendimiento crece según nos vamos haciendo mayores. Uno de los estudios más exhaustivos sobre la relación entre la edad y el éxito de una *startup* fue realizado por investigadores del MIT, la Universidad de Northwestern, Wharton y la Oficina del Censo de Estados Unidos, y mostró que la edad media de los fundadores de *startups* en aquel país era de cuarenta y dos años.[51] Un dato que te sorprenderá aún más es que la edad media de los fundadores de *startups* de alta tecnología era de cuarenta y tres años. A su vez, la edad promedio de los fundadores de las empresas de crecimiento ultrarrápido era de cuarenta y cinco años. Hay numerosos emprendedores mayores: desde Bill Porter, que fundó E-Trade a los cincuenta y cuatro años, o Aneel Bhusri y David Duffield, que cofundaron Workday a los cuarenta y sesenta y cinco años, respectivamente.

El uso de internet entre la población mayor tampoco es tan limitado como la gente piensa. En Europa, alrededor del 60 por ciento de las personas de entre sesenta y cinco y setenta y cuatro años ha usado internet en los últimos tres meses. Las grandes diferencias en el uso de la red que se observan entre países indican que la brecha digital es tan grande o pequeña como nos propongamos que sea. Mientras que en Dinamarca el 94 por ciento de la población en este rango de edad ha usado internet en los últimos tres meses, en España este porcentaje desciende a alrededor del 75 por ciento y en Bulgaria al 25 por ciento.[52] Se observa, además, una clara brecha de género en el uso de internet, móviles u otras tecnologías en la vejez, y que los precios del mercado de las telecomunicaciones determinan, al menos en parte, ese acceso diferencial.

En los medios y en la publicidad desaparecemos

Hasta hace relativamente poco, en los medios de comunicación y en la publicidad simplemente no veíamos a gente mayor. En las películas más taquilleras de 2010 a 2020, menos de una cuarta parte de los personajes eran personas de cincuenta años o más. Las mujeres representaban solo uno de cada cinco de estos personajes e interpretaban papeles de personas «seniles, confinadas en casa, débiles y desaliñadas» con mayor frecuencia que los hombres.[53] Dado que en la mayoría de los casos estos papeles son secundarios o aún más accesorios, no existe tampoco la oportunidad de desarrollar los personajes, de manera que quedan reducidos a meros estereotipos.

Los datos son similares en la televisión. En Estados Unidos las mujeres mayores de cincuenta años están subrepresentadas: en 2021, obtuvieron solo el 8 por ciento del tiempo en pantalla (a pesar de representar el 20 por ciento de la población),[54] y, en las ficciones televisivas, solo uno de cada cuatro personajes estaba interpretado por mujeres de cincuenta años o más. En España, un estudio realizado en Cataluña mostró que las personas mayores representaban el 7 por ciento en los espacios de ficción y el 13,6 por ciento en los debates y entrevistas.[55] A la vez, el número de reporteras en televisión es minúsculo a partir de los cincuenta años. Un proyecto de monitoreo de medios de comunicación realizado en Reino Unido e Irlanda en 2015 encontró que solo el 4 por ciento de las reporteras tenían cincuenta años o más (en comparación con cerca del 33 por ciento de los periodistas varones).[56] Dado que la edad y la autoridad están conectadas en nuestras mentes sesgadas, mantener a las reporteras mayores fuera de la pantalla ayuda a confirmar el sesgo que equipara «hombre» con «autoridad».

En la prensa y los telediarios son frecuentes las noticias que recalcan la edad de la persona protagonista de la noticia cuando este dato es irrelevante, y perpetúan un estereotipo. Por ejemplo, en un accidente de coche en el que conduce lentamente una persona mayor destacarán la edad del conductor, y en un suceso de violencia perpetrado por una persona joven también comentarán su edad. Si se invirtiese la persona protagonista en estas dos noticias, no se destacaría la edad. De esta manera, la «realidad» que nos llega de los medios informativos refuerza estereotipos existentes en la sociedad. La forma en que se presentan las noticias también contribuye a la construcción del discurso. Cuando se usan metáforas como «tsunami gris», «precipicio demográfico» o «bomba demográfica», se da una imagen del envejecimiento como una crisis incontrolable. Una búsqueda en Google en 2024 de los términos «personas mayores y oportunidades» me devolvió unos 61 millones de resultados, mientras que la búsqueda de «personas mayores y problemas» generó 310 millones de resultados. A su vez, la búsqueda de «personas jóvenes y oportunidades» me devolvió 62 millones de resultados, y la búsqueda de «personas jóvenes y problemas», 259 millones. También son comunes las noticias que tratan de enfrentar a las personas mayores y las jóvenes, como si el beneficio de unos fuese en detrimento de los otros, o como si los dos grupos no tuviesen cabida en la sociedad y, por tanto, hubieran de echarse a suertes su supervivencia, siempre a costa del otro. Presentaré ejemplos de ello en los capítulos 7 y 8. Como veremos, este periodismo sensacionalista resta credibilidad a las historias y, además, crea tensiones ilusorias y justifica el rechazo a personas de edades diferentes a la nuestra.

Durante la pandemia de la COVID-19, la estereotipación de personas mayores y jóvenes en los medios fue extrema, con descripciones de las primeras como un grupo homogéneamente vulnerable y débil y de las segundas como invencibles y egoístas. En España, el 71 por ciento de los titulares de dos periódicos nacionales describieron a las personas mayores de manera negativa durante este periodo.[57]

En la publicidad, el discurso antiedad lleva décadas haciendo mella, y la confluencia de dos titanes —las plataformas digitales y la industria cosmética— nos está haciendo cada vez más daño. Vivimos sometidos a un ideal imposible de juventud perpetua que niega e impide ver la belleza existente en otras etapas de la vida. La próxima vez que vayas a la farmacia o al supermercado, fíjate y cuenta el número de estantes con productos de belleza antienvejecimiento. A nivel mundial, este mercado está valorado en cincuenta mil millones de dólares y se espera que supere los noventa mil millones para 2032.

La presión para «desafiar el envejecimiento» comienza cada vez más temprano, incluso antes de los veinte años, convirtiendo el paso del tiempo en una auténtica pesadilla para todas las personas, pero sobre todo para las niñas y las mujeres. Cada vez es menos raro ver a niñas de nueve, diez u once años que siguen una rutina facial cosmética diaria para permanecer «jóvenes» y conseguir la perfección inalcanzable e irreal que difunden las plataformas digitales. Las publicaciones bajo el hashtag #sephorakids en TikTok habían acumulado ya más de 371 millones de visualizaciones en enero de 2024, y en ellas se mostraban las aventuras de varias niñas con los productos de belleza de las tiendas Sephora. Tales vídeos retratan cómo exploran las niñas este nuevo «paraíso», probando productos de belleza y ofreciendo consejos a otras usuarias. Se estima que casi el 35 por ciento de las menores reciben publicidad de cosmética y belleza, y hasta el 14 por ciento, de procedimientos de estética. La demanda de intervenciones de cirugía estética continúa aumentando año tras año. Los cirujanos encuentran diariamente en sus consultas a personas afectadas por el edadismo, tanto hombres como mujeres, que perciben que su posición profesional y social está en riesgo y que optan por hacerse retoques para aparentar menor edad.[58]

En Estados Unidos, el 86 por ciento de las mujeres de cincuenta años o más piensa que las mujeres de su edad están subrepresentadas en los anuncios y el 91 por ciento desea que los anuncios de belleza y cuidado personal incluyan imágenes más realistas de mujeres de su edad. En España, la presencia de las personas mayores en la publicidad es del 11 por ciento (4 por ciento en el caso de las mujeres mayores), claramente inferior al porcentaje que representa este grupo en relación con la población total.[59]

Por suerte, este panorama empieza a cambiar. Las personas mayores comienzan a ser visibles en series y películas con roles protagonistas como *Grace y Frankie*, *El método Kominsky* o *Padre*. La Academia de Hollywood también empieza a premiar a artistas mayores. En 2023, los ganadores a los Oscar a Mejor Actor, Mejor Actriz, Mejor Actor de Reparto y Mejor Actriz de Reparto tenían todos cincuenta años o más. Los anuncios de gigantes de la industria textil y de la cosmética como

Zara, L'Oreal y Olay empiezan a visibilizar a mujeres mayores en sus campañas, e icónicas revistas como *Vogue* incluyen a menudo a mujeres mayores, como las actrices Judi Dench o Maggie Smith, en portada. Pero se necesitan más cambios.

En nuestra vivienda y comunidad no contamos y estorbamos

El edadismo también se cuela en nuestras casas y comunidades. Nuestra edad puede usarse en nuestra contra a la hora de acceder a una vivienda. Los propietarios suelen elegir a inquilinos o compradores de mediana edad que, en su opinión, tienen una mejor situación financiera y de salud y, por tanto, serán más independientes y menos exigentes y darán menos problemas que inquilinos o compradores de otras edades.

Cuando somos jóvenes nos enfrentamos a la dificultad de encontrar inmuebles que acepten a inquilinos menores de treinta años por el miedo a las fiestas y los destrozos. Esto lo relataba Altagracia en una entrevista para RTVE en la que afirmaba haber tenido que escribir cartas —como si de un trabajo se tratase— con sus hobbies y rutinas diarias para optar a un alquiler. A otros inquilinos jóvenes se les exige un mayor depósito o presentar el aval de sus padres para poder acceder a una vivienda, aun cuando el candidato ya tenga empleo. Y es común que se desdeñen las necesidades de reparaciones solicitadas por la gente joven, como si no mereciesen vivir en una vivienda sin defectos.

Las personas mayores sufren una discriminación similar. Desde anuncios que rechazan claramente a gente mayor por miedo a más exigencias o a tener que afrontar futuras reformas hasta propietarios que exigen diferentes condiciones, como plazos de arrendamiento más cortos o incluso pruebas de autonomía. Por su parte, muchos bancos desestiman las solicitudes de hipoteca de personas mayores negándoles la posibilidad de comprar una nueva vivienda o de reformar la existente para tener sus necesidades cubiertas.

En 2024 colaboré con Leroy Merlin y el Colegio de Arquitectos de Madrid en la presentación del primer estudio nacional sobre la vivienda a partir de los cincuenta y cinco años en España. Dicho estudio reflejó hasta qué punto influye el edadismo en las decisiones que tomamos —o más bien no tomamos— en relación con la vivienda. Por un lado, el rechazo social a la vejez hace que no nos proyectemos en esta etapa de la vida y que posterguemos la decisión de hacer reformas hasta que no queda más remedio por nuestras necesidades, de forma que en ocasiones es demasiado tarde y nos vemos obligados a buscar otra vivienda o a ingresar en una residencia. Por otro lado, nuestros hijos pueden ser un obstáculo en nuestras decisiones, ya que, con frecuencia, se sienten autorizados a intervenir en lo relativo a nuestra casa y se niegan a validar las reformas propuestas, como si la vivienda fuese suya y no nuestra.

Como vimos en el capítulo anterior, en la calle y el espacio público vivimos separados por edades. En muchos lugares, y tanto en zonas urbanas como rurales, sigue existiendo una programación específica para cada grupo de edad o incluso espacios diseñados para cada grupo. En el Reino Unido, haciendo uso de datos censales, se ha medido el grado de segregación social por edad a lo largo del tiempo, detectando que la situación ha empeorado mucho en las ciudades. Para el niño promedio en las 25 ciudades más grandes del país, solo el 5 por ciento de sus vecinos tiene más de sesenta y cinco años.[60] En general, nos encontramos ante un déficit considerable en el número de contactos entre personas de diferentes edades en todo el mundo. La creciente gentrificación de las ciudades, el éxodo rural de la población joven, el declive de las viviendas de protección oficial y la falta de planificación urbana para la creación de comunidades de edades mixtas son razones clave de esta creciente segregación.

Socialmente también se ha aceptado muy a la ligera la propuesta de «aparcar» a la población mayor en residencias,[61] muchas de ellas apartadas de núcleos urbanos y de la vida en comunidad. Esta segregación afecta de forma desproporcionada a las mujeres mayores, que son las que ocupan la mayoría de las plazas de estas residencias (en España, suponen el 70 por ciento de los residentes). Si bien es cierto que estos centros pueden ofrecer servicios muy necesarios, sobre todo para aquellas personas con un grado alto de dependencia, como aquellas que padecen un deterioro cognitivo avanzado, esta no debería ser la única propuesta de vivienda para la población mayor en su conjunto, ni deberían generarse edificios aislados del mundo que impidan la inclusión. Además, las residencias deberían estar sometidas a una regulación estricta para asegurar una atención de calidad e impedir que se gesten horrores como los que vivimos en la pandemia de la COVID-19, especialmente dado el predominio de centros privados o de gestión privada en muchos países. En España, por ejemplo, el 75 por ciento de los centros residenciales son de titularidad privada, frente al 25 por ciento de titularidad pública.

También da la impresión de que la población mayor molesta. No fueron pocos los que, durante la crisis sanitaria de la COVID-19, llegaron casi a celebrar la muerte de personas mayores, argumentando que así se resolvía «el problema» de las pensiones. No es casualidad que el hashtag #BoomerRemover se hiciese viral durante la pandemia, con el que se expresaba el «beneficio» de eliminar a la población de la generación baby boomer y, así, disminuir la supuesta carga que impone en los sistemas sociales y de salud, además de proporcionar más puestos de trabajo, oportunidades y recursos al resto de la población.

En otros países la exclusión de las personas en función de su edad es todavía más extrema. Las acusaciones de brujería en países del África subsahariana han llevado al asesinato de muchas personas mayores, mayoritariamente mujeres. En estos contextos, estas mujeres, sobre todo viudas o que presentan deterioro cognitivo, son perseguidas y acusadas de provocar mala suerte y muertes en la comunidad, y pueden ser expulsadas o incluso asesinadas. La situación es tan extrema en algunos países que ya se empiezan a ver centros de acogida para personas mayores que sufren este tipo de violencia, como uno que pude visitar en Kenia.

Qué hacer para detectar el edadismo que sufres

En este capítulo he recogido múltiples ejemplos del edadismo que sufrimos a diario, pero existen muchos más y te animo a que, en tu reflexión sobre el edadismo, empieces a anotarlos. Un problema bastante común al que nos enfrentamos a la hora de reconocer el edadismo, sobre todo dentro de las instituciones, es que su presencia está tan instaurada y desde hace tanto tiempo que las situaciones de discriminación por edad pueden ser imperceptibles. Por ejemplo, muchas personas ven como «natural» que los jóvenes tengan que asumir periodos de prácticas no remuneradas para poder acceder a un empleo con sueldo o que las personas mayores deban jubilarse forzosamente a una edad determinada. Entonces ¿qué podemos hacer para reconocer más fácilmente el edadismo que existe en nuestro entorno? Utilizar la «prueba del pelirrojo».*

Metí esta prueba en mi maleta de herramientas contra el edadismo tras una charla que di para Cruz Roja Española hace unos años y en la que otro ponente hizo uso de esta metáfora para explicar la discriminación que empezaba a sufrir por haber rebasado los cincuenta. La prueba consiste en comprobar si la experiencia que has vivido o que otras personas han vivido sería justa si, en vez de haber sido motivada por la edad, se hubiese aludido al color de pelo, en este caso ser pelirrojo. Por ejemplo, ¿considerarías justo que las personas pelirrojas no pudiesen

---

* Al ser un libro impreso en tinta negra, la ilustración no recoge el color rojo del pelo.

acceder a programas de formación en su empresa o a un tratamiento médico? Si la respuesta es «no», estaremos casi seguro ante una situación de edadismo.

5

Te transformas en estereotipo

> Atrévete a creer en la realidad de tu suposición y observa cómo el mundo desempeña su papel en relación con su cumplimiento.
>
> Neville Goddard, escritor

¿Cuántas veces has dudado acerca de tus capacidades y después te has visto en una situación en la que se confirmaban tus peores temores? Nuestras creencias son muy poderosas y pueden limitarnos enormemente. El edadismo nos lo muestra con claridad.

El edadismo es capaz de transformarnos. Esto no sería problemático si nos diese algún poder mágico como en el caso de los *Transformers* o los *Power Rangers*, pero en nuestra realidad supone muchas limitaciones. Este fenómeno nos convierte en todos esos estereotipos de edad a los que hemos estado expuestos a lo largo de la vida. Generamos profecías autocumplidas, convirtiéndonos en esa persona joven inexperta y despreocupada y en aquella otra mayor enferma, olvidadiza y retraída socialmente. Los mecanismos por los que sucumbimos a esta transformación son dos: la encarnación del estereotipo y la amenaza del estereotipo. El primer mecanismo tiene lugar a nivel más inconsciente, mientras que el segundo es más consciente.

La encarnación de estereotipos

La teoría de la encarnación de estereotipos recoge cómo se internalizan inconscientemente los estereotipos asociados a la edad desde que somos niños, moldeando las autopercepciones que tendremos en el futuro. Lo que ocurre es que el grupo de edad que vemos como diferente a nosotros en un inicio es nuestro yo futuro, ya sean las personas jóvenes cuando somos niños o las personas mayores cuando somos jóvenes o de mediana edad. A modo de bumerán, los estereotipos que en principio dirigimos hacia otros acaban volviendo hacia nosotros cuando alcanzamos la siguiente etapa vital.

A los cuatro años ya somos conscientes de los estereotipos asociados a la edad que existen en nuestra cultura, y empezamos a internalizarlos y a usarlos para guiar nuestros sentimientos y comportamientos hacia otras personas y hacia nosotros mismos. Los estereotipos que absorbemos en la infancia se refuerzan luego durante décadas, por ejemplo, mediante las interacciones que observamos a nuestro alrededor, la exposición repetida a imágenes negativas de personas jóvenes y mayores en revistas y televisión o mensajes negativos en las redes sociales.

Cuando los aprendemos de pequeños, estos estereotipos no nos resultan amenazantes pues no son relevantes para nuestro yo. De hecho, incluso pueden ayudarnos a consolidar nuestra identidad social porque nos ayudan a diferenciarnos. Sin embargo, a medida que envejecemos, se vuelven perjudiciales al adquirir importancia para nosotros mismos, transformándose en autoestereotipos. Por ejemplo, pensar que las personas mayores son menos enérgicas no nos afectará mientras seamos niños, pero hará que asociemos la falta de energía a nuestro yo mayor y que tengamos menor motivación para realizar una actividad física en la vejez.

La autorrelevancia de los estereotipos surge no solo por la edad cronológica, sino también por nuestra identificación con el grupo etario; por haber realizado una transición asociada a la edad, como la jubilación; por experimentar situaciones edadistas; o por encontrarnos en contextos estereotípicamente «jóvenes» o «mayores» que nos hagan sentir «fuera de lugar».

Básicamente, al estereotipar a las personas en función de su edad nos exponemos a la posibilidad de que los mismos estereotipos que hayamos dirigido hacia otras personas en fases previas de nuestra vida se acaben infiltrando en nuestro inconsciente, de tal manera que acabemos convirtiéndonos en ese mismo estereotipo según cumplamos años. Este aspecto de los estereotipos relacionados con la edad es único. A diferencia del género o del color de la piel, que normalmente no cambian a lo largo de la vida, todos seremos personas tanto jóvenes como mayores si vivimos lo suficiente.

Dado que todas y todos acabaremos convirtiéndonos

en la diana de los estereotipos que hemos aprendido y empleado previamente, no es sorprendente que exista una correspondencia entre los estereotipos de edad que podamos tener en etapas anteriores de nuestra vida y los autoestereotipos que poseeremos en la vejez. Una indicación de esta continuidad es que las personas mayores expresan actitudes hacia su propio grupo tan negativas como las expresadas por los jóvenes o las personas de mediana edad.

Amenaza del estereotipo

Como seres sociales, estamos inevitablemente influenciados por las expectativas que los demás tienen sobre nosotros. Estas expectativas muchas veces son fruto de estereotipos existentes, y lo que se ha constatado tras múltiples investigaciones en todo el mundo es que los grupos estigmatizados —ya sea por género, grupo étnico o edad— obtienen peores resultados en actividades relacionadas con estos estereotipos. Por ejemplo, creer que las mujeres son malas en matemáticas hace que muchas mujeres, al ser conscientes de este estereotipo, se sientan ansiosas al realizar un examen de esta materia y acaben teniendo peores resultados que los hombres no porque se les den mal las matemáticas, sino porque se sienten juzgadas.

En psicología este fenómeno es conocido como «amenaza del estereotipo».[62] Se trata del sentimiento de amenaza que experimentamos cuando estamos preocupados por que nuestro comportamiento pueda confirmar un estereotipo. Esta situación nos lleva a un peor rendimiento en tareas relacionadas con dicho estereotipo, lo que termina por confirmarlo. Las personas mayores a menudo son estereotipadas como lentas, débiles y con problemas de memoria y cognición. Estas expectativas pueden afectar a su rendimiento en pruebas cognitivas y de memoria, llevándolas a quedar por debajo de su verdadero potencial cuando se sienten juzgadas. Las situaciones que consideramos amenazantes no se dan únicamente en el contexto de estudios de laboratorio, sino también en nuestro día a día. Por ejemplo, se ha visto que alrededor del 17 por ciento de las personas de cincuenta años o más experimenta amenazas de estereotipos en la consulta del médico, y alrededor del 8 por ciento teme que su médico lo esté evaluando negativamente debido a su edad.[63] Esto puede llevar a que las personas mayores tengan un rendimiento inferior en las pruebas cognitivas que se les realizan en un contexto clínico.

Si bien el mecanismo que hay detrás de la encarnación y de la amenaza del estereotipo es diferente, tanto uno como otro tienen efectos en nuestro comportamiento. En el caso de la encarnación del estereotipo, el comportamiento estereotipado surge automáticamente y de manera inconsciente al formar parte de nuestro autoconcepto. Por otro lado, en la amenaza del estereotipo, el comportamiento se genera cuando nos encontramos en un contexto que activa los estereotipos de manera consciente, lo que desencadena una serie de procesos cognitivos, motivacionales y emocionales que llevan a que disminuya nuestra capacidad de memoria de trabajo, o que sintamos ansiedad, entre otras cosas.[64]

La transformación

Sea como sea, estos dos procesos hacen que nos transformemos en el estereotipo. Así, cuando a las personas mayores les dan instrucciones que enfatizan el componente de memoria de una tarea, su rendimiento de memoria posterior se reduce en comparación con aquellas que no reciben instrucciones con este énfasis, y en comparación con personas más jóvenes a las que se les dan las mismas instrucciones. Esto ocurre sobre todo después de recordarles que la población mayor tiene malas habilidades de memoria. Cuando usamos un lenguaje infantilizante al hablar con personas mayores, también forzamos la generación de profecías autocumplidas en el sentido de que nuestro interlocutor puede llegar a aceptar y creer que ya no es independiente y adoptar un papel cada vez más pasivo.

Los estereotipos también pueden dar lugar a una mayor lentitud en la marcha, una fuerza de agarre más débil o una peor conducción al volante de un coche cuando somos mayores. Incluso tareas que no controlamos de manera consciente pueden verse afectadas por la activación subliminal de estereotipos relacionados con la edad. Por ejemplo, las personas mayores que realizan una tarea de escritura después de ser expuestas a estereotipos presentados de forma subliminal, presentan una escritura más temblorosa y menos firme. Recientemente, también se ha empezado a estudiar si la amenaza del estereotipo puede conducir a niveles más bajos de uso de la tecnología en la población mayor.

En el caso de la amenaza del estereotipo, ni siquiera

hace falta que nos creamos el estereotipo para que nos afecte. Ser conscientes de su existencia es suficiente para preocuparnos sobre las expectativas que otros puedan tener de nosotros, como, por ejemplo, que seamos olvidadizos o impulsivos debido a nuestra edad. También se ha encontrado que los efectos de la amenaza del estereotipo suelen ser peores en aquellas personas que no mantienen contacto intergeneracional frecuente y en las que tienen expectativas negativas relacionadas con el envejecimiento. Por otro lado, en la encarnación del estereotipo precisamos una internalización o asimilación profunda del mismo para vernos afectados por él.

En conjunto, hemos visto que los estereotipos pueden transformar nuestro comportamiento de manera inconsciente o consciente. A nivel inconsciente, a través de la encarnación, nos comportamos inadvertidamente de acuerdo con los estereotipos internalizados. A nivel consciente, cuando estamos en contextos donde los estereotipos son prominentes, nos sentimos amenazados y ello puede ocasionar un rendimiento inferior a nuestro potencial.

La escalera del tiempo

Por suerte, hay una serie de cosas que podemos hacer para evitar esta transformación en el estereotipo. Si nos centramos en características más positivas sobre nosotros mismos o nuestro grupo de edad, podemos reducir la amenaza del estereotipo. De este tipo de estrategia y de otras muchas hablo en más detalle en el capítulo 9 para darte herramientas con las que afrontar el edadismo.

Además, podemos usar una herramienta para identificar estereotipos que nos han podido transformar en el pasado y que nos podrían transformar en el futuro. Este es un primer paso para hacerles frente. Se trata de la escalera del tiempo por la que subiremos y bajaremos. Su empleo es simple. Subir por la escalera del tiempo implica preguntarnos qué pensaría nuestro yo futuro acerca de nuestras creencias actuales sobre las personas de más edad que la nuestra. Por ejemplo: «Ahora que tengo veinte años, ¿qué diría mi yo de setenta años sobre lo que pienso de las personas de esa edad?».

Por el contrario, descender por la escalera del tiempo implica preguntarnos qué le parecería a nuestro yo pasado lo que pensamos actualmente sobre las personas de menos edad que la nuestra. Por ejemplo: «Ahora que tengo cuarenta años, ¿qué diría mi yo de veinticuatro sobre lo que pienso en este momento de las personas de esa edad?».

TERCERA PARTE

Nos hace daño

6

Como individuos

> La exclusión es siempre peligrosa. La inclusión es la única vía segura si queremos tener un mundo pacífico.
>
> Pearl S. Buck, escritora

La icónica canción «Like a Prayer», de Madonna, se lanzó hace más de treinta y cinco años y sigue siendo uno de los mejores momentos del pop de todos los tiempos. En ella, Madonna aborda el tema del pecado en el catolicismo. Curiosamente, el pecado formó parte de otra controvertida aparición suya en el año 2016, cuando recogió el premio a la Mujer del Año de los Billboard Music Awards. En su discurso, la reina del pop generó revuelo diciendo: «Y finalmente, no envejezcas. Porque envejecer es pecado. Te criticarán, te vilipendiarán y definitivamente no te escucharán en la radio».[65] En ese mismo discurso, la cantante añadió: «La gente dice que soy muy controvertida, pero creo que lo más controvertido que he hecho ha sido permanecer». Su ira es aguda y los daños que está sufriendo por culpa del edadismo son reales. Ahora bien, no necesitas ser Madonna para que este fenómeno te haga daño.

Todos sabemos que fumar mata, que no hacer ejercicio empeora nuestro estado físico y que no dormir bien perjudica nuestra salud mental. Pero ¿y si te dijese que el edadismo también afecta a tu salud y bienestar? Pensarás que, como mucho, mina tu autoestima. Lo cierto es que va mucho más allá, ya que afecta a múltiples facetas de nuestra salud física y mental en la vejez. Es posible además que, ahora que lo has leído, te des cuenta de que, de alguna forma, ya lo sospechabas. Con apenas dieciséis años me regocijaba cuando mi hermana y yo salíamos por ahí de fiesta y a ella, que es tres años mayor, le pedían el carnet de identidad para entrar en una discoteca y a mí no. A mi hermana no le sentaba muy bien y yo, para animarla, siempre acababa diciéndole que, cuando fuésemos mayores, ella valoraría el hecho de aparentar menos edad. Es como si mi yo adolescente ya percibiese el daño que puede darse cuando nuestra edad se usa en nuestra contra. Sabía que, aunque en ese momento concreto a mí me beneficiaba aparentar mayor edad, en el futuro las tornas cambiarían. Y eso que la palabra «edadismo» todavía no había cruzado el charco tras haber sido acuñada por Robert Butler en Estados Unidos en 1969.

Al hablar de los efectos del edadismo hay que mencionar a Becca Levy, psicóloga estadounidense que a lo largo de treinta años ha realizado infinidad de estudios que nos han ayudado a establecer la conexión entre edadismo y salud. Yo he tenido la inmensa suerte de trabajar con ella para tratar de esclarecer la magnitud del impacto de este fenómeno. Y este trabajo nos ha permitido ver que el edadismo constituye un verdadero problema de salud pública.

Sería lógico que, al pensar en cómo deteriora nuestra salud el edadismo, tu mente haya regresado a ese apartado del capítulo 4 en el que describí los sesgos por edad existentes en diagnósticos y tratamientos médicos. Obviamente, estos sesgos tendrán un efecto directo en nuestra salud. Por ejemplo, si padecemos un cáncer y nos deniegan acceso a terapias adyuvantes únicamente por nuestra edad cronológica, tendremos menos probabilidades de sobrevivir. Del mismo modo, si sufrimos un accidente cerebrovascular y nos aplican un tratamiento limitado y cero rehabilitación, nuestro pronóstico dejará mucho que desear. Asimismo, si presentamos sintomatología psiquiátrica o dolor severo, pero no nos remiten a una evaluación psiquiátrica y nos deniegan el acceso a medicamentos que puedan aliviar el dolor, nuestra experiencia de enfermedad será mucho mayor. Lo que quizá no te hayas planteado todavía es que toda experiencia de edadismo puede tener consecuencias para nuestra salud y bienestar. Desde una experiencia de edadismo en el trabajo o una imagen estereotipada que vemos en una película hasta el trato que recibimos de amigos o desconocidos, o esa forma perversa de edadismo que dirigimos hacia nosotros mismos. Como verás a continuación, todo cuenta.

Empezaré por el impacto más irreversible: la muerte. Investigaciones realizadas en países tan distantes como China, Alemania o Australia han concluido que el edadismo está asociado con una vida más corta. Por ejemplo, en Estados Unidos se comprobó que la supervivencia media de las personas con creencias más positivas sobre el envejecimiento era siete años y medio superior a la de aquellas con actitudes más negativas.[66] De manera similar, un estudio realizado en Bélgica encontró que el edadismo está asociado con la mortalidad de personas mayores con cáncer no metastásico. En el transcurso de seis años se vio que los participantes con percepciones negativas tenían casi cuatro veces más probabilidades de morir que aquellos con percepciones positivas. Estos resultados se mantuvieron tras haber tenido en cuenta otros factores como la edad, el sexo, la salud física o el tipo de cáncer de los pacientes.[67]

Una evidencia consolidada muestra, además, el efecto del edadismo en otros aspectos de nuestra salud física y mental. De este modo, vemos que los estereotipos que hemos mantenido en etapas más tempranas de la vida predicen afecciones cardiovasculares más adelante,[68] así como una peor salud física que nos impide realizar actividades cotidianas como subir y bajar escaleras, realizar tareas del hogar, etc.[69] El edadismo también puede mermar nuestra capacidad para recuperarnos de una lesión, de una condición aguda o de una dolencia incapacitante en la vejez.

El poder devastador del edadismo no se queda ahí. Es de sobra conocido que, según sumamos años, aumenta la probabilidad de que presentemos una pérdida auditiva. De hecho, más del 25 por ciento de las personas mayores de sesenta años se ven afectadas por un deterioro auditivo incapacitante. Lo que no es tan conocido es que, aunque el envejecimiento se asocia a menudo con esta disminución de la audición, existen notorias diferencias en cómo se vive este deterioro a nivel individual en diferentes culturas. Algo que se ha descubierto es que, entre las culturas que atribuyen menos estigmas a la vejez, las personas mayores tienden a experimentar menos pérdida auditiva. Un estudio llegó a concluir que las personas mayores con pensamientos negativos acerca de la vejez presentan una mayor probabilidad de sufrir deterioro auditivo. En esta investigación se hizo un seguimiento de más de quinientas personas de setenta años o más a lo largo de treinta y seis meses, y se descubrió que aquellas con estereotipos negativos sobre las personas mayores obtenían peores resultados en pruebas de audición a los treinta y seis meses del inicio del estudio que las que no tenían dichas creencias de base.[70] Las caídas también son más comunes según nos hacemos mayores, y están estrechamente relacionadas con una mayor mortalidad y discapacidad en la vejez. Pues bien, incluso aquí vemos que un menor nivel de edadismo puede protegernos de las caídas.[71]

El edadismo es además una mala influencia. Hace que tengamos comportamientos perjudiciales para nuestra salud como fumar, beber alcohol en exceso, no seguir una dieta saludable o no tomar la medicación que nos prescribe el médico. Hay un estereotipo relacionado con la vejez que es especialmente dañino y está muy relacionado con todo esto. Es el que postula que la vejez es un periodo de enfermedad inevitable. Internalizar este estereotipo y aplicarlo a uno mismo implicará una dejadez absoluta con respecto a nuestra salud porque, desesperanzados, pensaremos que va a dar igual lo que hagamos, ya que, total, lo que toca en la vejez es estar enfermo. Por otro lado, hay personas que rechazan el uso de andadores o audífonos para no parecer «viejos» y sufrir el estigma asociado a la vejez, aunque esto signifique no caminar ni oír.

En términos de salud mental, el edadismo está asociado a un incremento de los niveles de estrés, y la aparición y persistencia de depresión y ansiedad en la vejez. Y, por si esto fuese poco, otros estudios han mostrado que puede disparar el deterioro cognitivo. Se ha visto, por ejemplo, que las personas con creencias negativas sobre el envejecimiento tienen más probabilidades de padecer deterioro cognitivo con el paso de los años que aquellas que tienen creencias más positivas.[72] Además, se ha observado que personas que han tenido estereotipos negativos acerca de la edad en etapas previas de su vida presentan recuentos elevados de biomarcadores relacionados con la enfermedad de Alzheimer en autopsias cerebrales *post mortem*.[73] A su vez, la discriminación por edad que sufrimos predice nuestro rendimiento cognitivo en la vejez.

Más recientemente se ha averiguado que cualquier forma de discriminación, incluido el edadismo (sobre todo el autoinfligido), puede afectar a nuestro envejecimiento a nivel biológico.[74] Por ejemplo, se asocia con una edad epigenética creciente.

Más allá de su efecto en nuestra salud, el edadismo empeora nuestra calidad de vida y, al llegar a deshumanizar a las personas, puede contribuir a legitimar la violencia y el maltrato hacia las personas mayores. La pendiente entre unos primeros pensamientos edadistas y la percepción de que las personas mayores son menos personas que los demás es bastante resbaladiza; y por ello, una persona edadista puede considerar permisible el abandono, la explotación y el abuso de una persona mayor.

Por otro lado, el edadismo aumenta el aislamiento social y la soledad, y lo hace de tres maneras. En primer lugar, al hacer que las personas se sientan no deseadas y rechazadas, las empuja al retraimiento social. En segundo lugar, como una profecía autocumplida, puede hacer que interioricemos el estereotipo de que la vejez implica aislamiento y baja participación social, y que actuemos en consecuencia, alejándonos de la sociedad. En tercer lugar, nuestro entorno presenta obstáculos para la participación en actividades sociales, lo que lleva al aislamiento social y la soledad. Por ejemplo, el diseño actual de nuestro entorno conduce a la segregación etaria.

Al mermar nuestras oportunidades de acceder a un empleo y mantenerlo tanto en la juventud como en la vejez, el edadismo también puede aumentar la inseguridad económica y el riesgo de pobreza en estas etapas, sobre todo en el caso de las mujeres que, al ser más longevas, tienen más probabilidades de vivir periodos prolongados de pobreza, tener ahorros insuficientes para la jubilación y depender de las redes de seguridad social. Estas dificultades económicas pueden, a su vez, provocar un aumento del estrés y un acceso reducido a los recursos necesarios para una vida sana.

Como habrás podido apreciar, el edadismo no afecta únicamente a nuestra salud y bienestar en la vejez, sino que, al hacerlo, refuerza los estereotipos que la mayor parte de la población asocia al envejecimiento: sordera, demencia, depresión, aislamiento y un largo etcétera. Es una pescadilla que se muerde la cola: a más edadismo, más probable es que nos transformemos en la persona mayor que la sociedad dicta y que, con ello, reforcemos los estereotipos existentes.

A más características, más desventajas y más daño

Cada persona reúne una serie de características: edad, género, nivel socioeconómico, color de piel, nivel educativo, etc. Culturalmente, estas características se pueden cargar de significado y usarse para categorizar y dividir a las personas, creando injusticias y desventajas. Por desgracia, cuando presentamos múltiples características que se utilizan para categorizar y discriminar, podemos experimentar una desventaja agravada y, como consecuencia, mayores daños. Esto significa que nos enfrentaremos no solo a la suma de sesgos, sino a un efecto intensificado donde se cruzan diferentes formas de desventaja, y se generan barreras más graves y complejas.

Así, la intersección entre el edadismo y otros «ismos», como el sexismo, el capacitismo o el racismo, crea desventajas y daños agravados. Por ejemplo, las mujeres mayores reciben con frecuencia una atención sanitaria inadecuada debido a una intersección entre sesgos sexistas y edadistas. Los proveedores de atención médica a menudo descartan sus síntomas, que atribuyen al envejecimiento, o subestiman la gravedad de sus afecciones. En comparación con los hombres, también es menos probable que se derive a las mujeres mayores a ciertos procedimientos médicos y que se les ofrezca un tratamiento agresivo, lo que conduce a peores condiciones de salud o incluso mayores tasas de mortalidad en enfermedades tratables.

Al mismo tiempo, a las mujeres más jóvenes se las pasa a menudo por alto en exámenes de salud críticos debido a suposiciones edadistas de que son demasiado jóvenes para presentar patologías graves, combinadas con prejuicios sexistas que minimizan sus problemas de salud. Así, las mujeres jóvenes que experimenten síntomas de sufrir un ataque al corazón tienen menos probabilidades de que los proveedores de atención médica las tomen en serio en comparación con los hombres. También suelen recibir un tratamiento insuficiente para el dolor o diagnósticos erróneos de sus síntomas, que se atribuyen a factores psicológicos. Las mujeres más jóvenes pueden, asimismo, experimentar una desventaja agravada en materia de salud reproductiva debido al sexismo que controla sus opciones reproductivas y al edadismo que socava su autonomía. Así, los estudios constatan que suelen enfrentarse a prácticas coercitivas e irrespetuosas en relación con sus derechos reproductivos.

Esta intersección entre edadismo y sexismo no es la única que nos afecta. Las minorías étnicas ya afrontan de por sí disparidades económicas a causa del racismo sistémico. Cuando se combinan con el edadismo, estas disparidades pueden exacerbarse, lo que lleva a tasas más altas de pobreza entre las personas mayores pertenecientes a minorías étnicas o cuyo color de piel no es blanco. Esta vulnerabilidad económica puede limitar el acceso a la atención médica, a una alimentación saludable y a una vivienda segura, deteriorando aún más la salud. Todo ello se intensifica por el hecho de que las personas mayores pertenecientes a minorías étnicas suelen recibir una atención médica de peor calidad, presentando menos probabilidades de que se les realicen exámenes de detección rutinarios y más probabilidades de padecer enfermedades crónicas sin un tratamiento adecuado.

A su vez, la intersección entre edadismo y capacitismo genera unas condiciones de refuerzo para las personas mayores y justifica un trato diferencial por edad. Dado que muchos de los estereotipos relacionados con la vejez son parecidos a los que se asocian a las personas con discapacidad, estos se potencian mutuamente e impiden que la sociedad reconozca que, aunque la discapacidad es más común en la vejez, esto no significa que todas las personas mayores tengan algún tipo de discapacidad. Los prejuicios combinados de edadismo y capacitismo también subyacen a las diferencias existentes en las intervenciones consideradas aceptables para personas con discapacidad de diferentes edades. Por ejemplo, opciones como la institucionalización se consideran inaceptables para personas jóvenes con discapacidad, pero no se cuestionan si la discapacidad la tienen personas mayores. Esta intersección también puede llevar a suponer que ciertos problemas de salud se deben simplemente al envejecimiento y no merecen intervención ni gasto público.

Muchas personas mayores LGBTIQA+ experimentan aislamiento social debido a la pérdida de apoyo comunitario o familiar, agravada por una discriminación por edad dentro de los espacios LGBTIQA+, que tienden a priorizar a los jóvenes. Tal aislamiento puede dañar la salud mental y reducir el acceso a los recursos y redes de apoyo necesarios. En entornos sanitarios, las actitudes discriminatorias por edad confluyen con sesgos homofóbicos y transfóbicos que pueden resultar en una atención inadecuada e irrespetuosa, lo que podría disuadir de buscar ayuda médica, exacerbando los problemas de salud.

Estas intersecciones se van acumulando y generando capas de opresión en nuestra vida. Así, una mujer mayor de una minoría étnica y con una discapacidad puede experimentar una confluencia de edadismo, sexismo, racismo y capacitismo que generará disparidades mucho mayores en salud, estabilidad económica e inclusión social. Esto demuestra la necesidad de políticas y prácticas que aborden múltiples formas de desventaja simultáneamente y presenta un aliciente adicional para que hagamos frente al edadismo.

El poder de la mente

La mente tiene un poder tremendo sobre el cuerpo y sobre cómo envejece. Muchos de los efectos del edadismo en la salud y el bienestar surgen del edadismo que dirigimos hacia nosotros mismos, de ese que internalizamos. De hecho, la asociación más intensa entre edadismo y salud se observa precisamente en el caso del edadismo autoinfligido. La buena noticia es que, así como el edadismo puede conducir a las situaciones anteriores, lo opuesto también se cumple. Tener actitudes positivas de cara al envejecimiento nos protege de estas situaciones tan sombrías. Antes mencionaba que mostrar una actitud más positiva frente al envejecimiento nos protege de la demencia. Este efecto se ve incluso entre personas con el gen APOE4, que aumenta el riesgo de desarrollar demencia. Lo mismo sucede con la longevidad y otras facetas de la salud y el bienestar. Se han realizado estudios en los que las personas expuestas a información positiva acerca del envejecimiento cada semana durante un mes obtuvieron mejores resultados en exámenes de fuerza, equilibrio y velocidad de la marcha que los integrantes del grupo de control. He aquí entonces un motivo más por el que afrontar el edadismo. Tenemos a nuestro alcance una estrategia para mejorar nuestra salud y bienestar en la vejez. Esto es un poderoso incentivo para cuestionar tus creencias actuales acerca de esta etapa vital y de las personas mayores, ya que lo que piensas hoy puede tener un efecto en tu yo de mañana. También para que alces tu voz en contra del edadismo que presencies o sufras en tu día a día, pues este alimentará tus propios prejuicios y actitudes. Hablaré más de todo esto en la cuarta parte del libro.

7

Como sociedad

La injusticia en cualquier lugar es una amenaza para la justicia en todas partes.

MARTIN LUTHER KING JR.,
activista y líder del movimiento
por los derechos civiles

Todas las formas de sesgo, sean del tipo que sean, minan la cohesión social. Imaginan enemigos y nos obligan a ver el mundo como un campo de batalla en el que nos enfrentamos irremediablemente unos contra otros en función de unas características arbitrarias. Cada día se publican noticias en todo el mundo que tienen como titular un enfrentamiento entre generaciones, como «"Millennials" contra "boomers": las pensiones desatan la gran batalla de nuestro tiempo».[75] Al leer noticias de este tipo, pensamos en los *boomers* como enemigos de los *millennials*, como si los integrantes avariciosos de una generación estuviesen activamente robándoles recursos a la otra.

Es cierto que, en España, por ejemplo, las pensiones concentran la mayor partida de gasto del Gobierno, siendo las pensiones de jubilación las que suponen el mayor gasto. Pero no olvidemos que las pensiones de jubilación que reciben las personas mayores de hoy se corresponden a lo que se estipuló en sus contratos laborales y que estas mismas personas han contribuido al sistema de pensiones a lo largo de su vida laboral. Es engañoso presentar a los jubilados como la causa principal de los desafíos financieros que afronta la fuerza laboral actual.

Las personas mayores de hoy no establecieron la cuantía de la aportación a su plan de pensiones ni definieron las políticas financieras; eran trabajadores que cumplían sus obligaciones y esperaban que se respetaran sus condiciones laborales. ¿No consideras que sería terriblemente injusto que se cambiasen las reglas del juego una vez finalizada la partida?

Culpar a las personas mayores por los salarios y las condiciones de vida actuales pasa por alto cuestiones sistémicas como la existencia de leyes laborales más laxas, prácticas bancarias y empresariales poco éticas y un mercado de la vivienda inflado. También obvia que llevamos mucho tiempo haciendo oídos sordos a una situación demográfica que se viene anunciando desde hace tiempo y que requiere cambios e inversiones para poder sacarle partido. Hacer responsables a los gobiernos, las instituciones financieras y los empleadores tiene más sentido que convertir a las personas mayores en chivos expiatorios.

La clasificación de la población en distintas generaciones contribuye a crear este escenario bélico que mina la cohesión social. Nos resulta mucho más fácil echarle la culpa a una generación concreta de situaciones que no nos gustan que buscar las causas subyacentes, ya que en ocasiones estas causas son más complejas y difíciles de señalar, como en el caso de las pensiones. Decir que, los *baby boomers* se han apropiado de todas las viviendas, han robado toda la riqueza y destruido el planeta; o que los *millennials* y la generación Z son unos vagos que no trabajan y están excesivamente preocupados por el cambio climático es más sencillo que tratar de entender la multitud de fuerzas y factores que determinan la creciente desigualdad, la precariedad laboral y el daño medioambiental. Además, las etiquetas generacionales crean expectativas sobre cómo deberían comportarse y ser las personas de una generación específica, lo que, en muchas ocasiones, fomenta el conflicto porque, en el momento en el que la persona que tenemos delante no actúa como esperábamos, se generan fricciones.

Está claro que el camino para deshacernos de los sesgos etarios resultaría mucho más sencillo si su explotación no fuese tan atractiva para determinados sectores que sacan provecho. También si nos diésemos cuenta del coste que suponen a nivel individual y social. Así que vamos a por ello; vamos a ver de qué manera nos divide el edadismo y cuánto nos está costando.

Nos divide y nos enfrenta

Como veíamos en capítulos anteriores, los dos grupos con menor estatus social y poder son las personas jóvenes y las mayores. También son las que sufren mayor discriminación institucional. Enfrentar a estos dos grupos entre sí resulta bastante útil, ya que evita una vinculación y reivindicación conjunta que permitiría cambiar las tornas. Este divide y vencerás se ha usado políticamente desde siempre para mantener el *statu quo*.

En el tiempo de los romanos, se empleó esta táctica para dirigir el vasto y diverso territorio imperial y evitar disturbios y revueltas por parte de las comunidades integrantes. Roma se erigió en el poder central y las comunidades tenían que competir para ganarse su favor. Un ejemplo más moderno proviene del Imperio colonial británico en la India, donde Gran Bretaña alimentó disidencias y fricciones entre los distintos grupos étnicos para consolidar su dominio.

Esta estrategia ha servido a lo largo de la historia para desviar nuestra atención de las verdaderas causas de las desigualdades sociales y así evitar que dirijamos nuestra mirada hacia los gobiernos, que son los autores de las medidas que han generado y perpetuado dichas inequidades. Cuando la agenda política se plantea como de suma cero (más para «ellos» significa menos para «nosotros»), es más difícil que veamos que un problema concreto nos afecta a todos, y cuanto más profunda sea la división creada entre grupos, más probable es que las conversaciones entre ellos se detengan.

Esta táctica se vuelve más extrema en tiempos difíciles, en los que se tiende a buscar chivos expiatorios. No es casualidad que el concepto de «tsunami gris» surgiese en el año 2010,[76] cuando nos hallábamos en plena crisis económica. Dio igual que los cambios demográficos se viniesen anunciando desde tiempos inmemoriales. De repente, se vendió la idea de que la población mayor se erigía como una amenaza inminente para la supervivencia de nuestra sociedad. Se había identificado al enemigo. Y la atención se desviaba de culpar a los gobiernos por no haber preparado políticas y programas adecuados para adaptarse a estas nuevas configuraciones demográficas. Se evitaba hacer preguntas como ¿por qué nuestro Gobierno no ha tomado medidas que permitan a nuestra sociedad beneficiarse plenamente de una mayor longevidad?

La incursión de esta noción de «población mayor como amenaza que se abalanza sobre nosotros sin control» ha contribuido a que la población sobrestime cuántas personas mayores hay en el mundo. En una encuesta realizada en catorce países, los encuestados sobrestimaron sistemáticamente la proporción de la población mayor de sesenta y cinco años en sus respectivos países. Por ejemplo, los italianos estimaron que era el 48 por ciento, mientras que la cifra real es el 21 por ciento. A su vez, en España la respuesta promedio era del 61 por ciento, mientras que la cifra real es el 36 por ciento.[77]

Los medios de comunicación también sacan provecho de todo esto. El conflicto vende. En un mundo cada vez más competitivo y en el que la capacidad de atención es cada vez menor, los medios recurren con más y más frecuencia a lo fácil: el titular llamativo. Los titulares que indican conflicto generan mayor número de clics y acaban en primera línea, por lo que resultan muy atractivos para los periodistas que, queriendo o sin querer, contribuyen a crear un entorno informativo crecientemente polarizado. Perpetúan así el mito de que la rivalidad intergeneracional existe y es inevitable. Sheila Callaham lo ilustró en una publicación en *Forbes*. En el artículo reflexionaba sobre la forma diametralmente opuesta de presentar una misma noticia en dos periódicos diferentes. La noticia trataba sobre el hecho de que las personas mayores en Estados Unidos eligen quedarse en sus hogares en vez de venderlos y adquirir viviendas más pequeñas. Mientras que el *Wall Street Journal* utilizaba un titular potenciador de conflicto —«Los *boomers* compraron las casas grandes, ahora no se mueven»—,[78] el *New York Times* hacía uso de uno neutro: «¿Envejecer en un lugar o estancarse en un lugar?».[79]

Este es un caso muy ilustrativo. Los datos son los mismos. El contexto es el mismo. Y, sin embargo, los artículos son radicalmente diferentes. En el primero, se genera una acusación, dando a entender que un grupo de edad está desfavoreciendo a otro al no dejar libres casas grandes para personas más jóvenes. Pero volvamos a los datos. Como argumenta Callaham, las tasas de natalidad son más bajas y las parejas suelen tener uno o dos hijos hoy en día. Según esta realidad, ¿para qué sugerir que la permanencia de las personas mayores en sus viviendas grandes perjudica a familias más jóvenes? Este punto de vista aumenta la tensión intergeneracional y fomenta que el lector sienta resentimiento y hostilidad hacia las personas mayores.

El segundo artículo, en vez de generar tensión de manera artificial, refleja cómo dificulta la economía el acceso a la vivienda en Estados Unidos, con unas elevadas tasas de interés y viviendas sobrevaloradas, que afectan a todos los que quieran cambiar de casa, independientemente de su edad. Se plantea el simple hecho de que algunas personas mayores no reducen el tamaño de sus viviendas porque se encuentran con un mercado desfavorable o porque no quieren irse a vivir a un lugar desconocido donde no tienen redes de contactos.

Este es solo un ejemplo de una tendencia más amplia en los medios de comunicación. El objetivo del siguiente capítulo es precisamente desmontar muchos de los mitos existentes y ofrecerte una herramienta para evitar que quedes atrapado en una falsa realidad que nos hace daño.

Nos cuesta dinero

Nos guste o no, la economía sigue dictando gran parte de las decisiones que se toman en todo el mundo y el edadismo la está afectando de manera negativa.

En Estados Unidos se ha calculado que la discriminación hacia las personas de más de cincuenta años supuso pérdidas de unos 850.000 millones de dólares solo en 2018, lo que equivale a la economía de todo el estado de Pensilvania. Esto significa que el país podría haber sido un 4 por ciento más rico si las personas mayores no hubiesen tenido barreras para poder trabajar el tiempo que deseaban. Para el año 2050, las pérdidas podrían ascender a 3,9 billones de dólares, comparables al producto interno bruto (PIB) actual de Alemania.[80]

Las empresas también pierden. La rotación de personal puede costar hasta el 20 por ciento de la partida salarial, y sabemos que aquellas que no eliminan el edadismo de sus bases y desaprovechan o desechan el talento de las personas mayores tienen mayor rotación. A su vez, el edadismo que campa a sus anchas en el entorno laboral genera absentismo, y esto también sale caro. Por ejemplo, en un estudio realizado en una empresa de diez mil empleados, la discriminación por edad llevó a aproximadamente cinco mil días de absentismo laboral no justificado y una pérdida de pagos salariales de unos seiscientos mil dólares al año.[81]

Los gastos no se limitan al entorno laboral. En el sistema sanitario se ha estimado que el edadismo conlleva un exceso de gastos de 63.000 millones de dólares al año en Estados Unidos.[82] No contamos con estudios similares en otros países, pero espero que estos datos fomenten la investigación para que podamos visibilizar el impacto económico de este fenómeno.

Si ampliamos la mirada, también descubriremos que, más allá de costarnos dinero de manera directa, el edadismo nos hace perder oportunidades y, con ello, dinero. Por ejemplo, se ha estimado que prolongar la vida laboral podría aumentar el PIB per cápita en un 19 por ciento de promedio en 2050 en los países de la Organización para la Cooperación y el Desarrollo Económico (OCDE) si las tasas de empleo de los trabajadores mayores en todas partes alcanzaran las de los países con mejores rendimientos, como Islandia y Nueva Zelanda. Cuando las personas mayores son excluidas de la fuerza laboral o no se aprovecha todo su potencial, se produce una pérdida significativa de recursos y se incrementa la carga sobre los programas de bienestar social de manera innecesaria.

A lo largo de los capítulos de la segunda y tercera parte del libro, hemos visto de qué manera impregna y daña nuestra vida el edadismo, propagándose sin control como el fuego por un bosque en pleno verano. A pesar de todo ello, muchas personas piensan que no es para tanto; que el edadismo es una soberana tontería. Otras tantas opinan que el edadismo simplemente no existe. El conocimiento es poder. Espero que este libro sirva para generar conciencia sobre este fenómeno y la necesidad de ponerle freno y que las herramientas que presento en la última parte del libro te ayuden a combatirlo.

CUARTA PARTE

El futuro es nuestro

8

Que no te cuenten milongas

> La visión es el arte de ver lo que es invisible para los demás.
>
> Jonathan Swift, escritor

Ya hemos visto cómo surge el edadismo, de qué manera todos somos cómplices a la par que víctimas, y el daño que nos hace como individuos y como sociedad. Ahora toca, quizá, la mejor parte del libro: averiguar qué podemos hacer a fin de crear un mundo para todas las edades.

En una ponencia que hice en Suecia hace muchos años, presenté esta idea de que lo que intento hacer con mi trabajo es crear un mundo para todas las edades. Al finalizar, se abrió un turno de preguntas y una persona levantó la mano. Me dio las gracias por la ponencia y preguntó: «¿Qué es un mundo para todas las edades?». Desde luego, esta no es una pregunta de una única respuesta, ni debería ser una única persona la que la respondiera. El mundo lo definimos y construimos entre todos. De lo contrario, el futuro deja de ser nuestro.

Posiblemente, imaginar este mundo resulte más sencillo si pensamos en lo que no veríamos, sentiríamos ni oiríamos si ya estuviésemos en ese futuro. Tomaríamos el estado actual del mundo como el punto de partida negativo, y a partir de ahí construiríamos. Esto nos ayudaría a vislumbrar un futuro en el que nuestra edad no se use para crear barreras y limitar oportunidades y en el que tampoco genere rechazo de otras personas o de nosotros mismos.

Sin embargo, es probable que nos quedásemos cortos con este intento. Más allá de eliminar las situaciones actuales de desventaja, injusticia y microagresión por edad, lo más seguro es que queramos ir un paso más allá y configurar una sociedad que apueste por el encuentro entre personas de diferentes edades. Esto precisará un diseño consciente del espacio público, y una reconfiguración de las etapas de la vida que sea más flexible y favorezca esta conexión de manera más orgánica.

En este y en los próximos tres capítulos, describiré cuatro herramientas que están al alcance de cada uno de nosotros para hacer frente al edadismo y, con ellas, ir configurando un mundo para todas las edades. La primera consiste en no dejar que nos cuenten milongas.

La cantidad de bulos relacionados con la edad no ha hecho más que crecer con el tiempo. Algunos son específicos de un grupo de edad o periodo vital; otros buscan la fricción entre las personas jóvenes y las mayores. Aquí abordaré unos cuantos con el fin de entrenarte en la detección de estos mitos y ofrecerte una nueva herramienta. Se trata del cazamitos. Mi intención es que, al acabar de leer este capítulo, te hayas convertido en un cazador de mitos.

Uno de los grandes bulos afirma que la felicidad es incompatible con la vejez. Muchas personas piensan, con desazón, que, si no han saboreado momentos de felicidad en la infancia, la juventud o la mediana edad, estos no llegarán a su vida porque consideran que es imposible experimentarlos en la vejez. Sin embargo, diferentes estudios realizados en todo el mundo contradicen este mito.[83] Según las encuestas de satisfacción, la felicidad tiene, de promedio, sus mayores picos en la juventud y luego en la vejez, momento en el que alcanza su máximo. Se conoce como la curva en U de la felicidad. Por supuesto, las condiciones económicas y de salud contribuyen a distintos resultados en estas encuestas, pero es esperanzador ver que la vejez puede ser una etapa en la que encontremos altos niveles de felicidad.

Como el bulo está tan difundido, este fenómeno resulta verdaderamente desconcertante, así que no es de extrañar que se haya denominado la «paradoja del envejecimiento». Sí, sí, ya ves que incluso el nombre del fenómeno es edadista, pues considera una paradoja que se pueda experimentar felicidad en la vejez.

Otro mito bastante arraigado se relaciona con que la gente joven solo mira para su ombligo. Sin embargo, hay un porcentaje considerable de jóvenes que considera prioritarias las cuestiones sociales y que está tomando medidas para impulsar el cambio que quiere ver en el mundo. Estoy hablando de gente comprometida políticamente, que toma decisiones sobre su carrera profesional en función de sus valores y que mira en qué gasta su dinero, esforzándose por comprar productos que no dañen el planeta. Creen en su poder individual para generar cambios y utilizan sus decisiones diarias como arma social. También exigen que las empresas y los gobiernos hagan su parte y han impulsado grandes movimientos que han dado lugar a protestas transnacionales a gran escala, como la Primavera Árabe o el movimiento en contra del cambio climático. Las movilizaciones de estudiantes en huelga, iniciadas por Greta Thunberg en 2018, han pasado de estar protagonizadas por una sola manifestante a ser un movimiento global con más de 3,6 millones de jóvenes que en más de 169 países, trabajan colectivamente para exigir una acción política inmediata.

En el movimiento contra el cambio climático, se ha construido y explotado un discurso que enfrenta a la población mayor con la gente joven, que trata de culpabilizar a las personas mayores de la situación actual y que vende la idea de que solo existe compromiso por cambiar las cosas entre la juventud. La realidad es un tanto diferente. Así, un análisis reciente ha hallado un fuerte grado de convergencia en las perspectivas de personas jóvenes y mayores sobre la urgencia de la crisis climática. Precisamente uno de los avances más importantes de los últimos años en esta lucha ha venido de la mano de un grupo de mujeres mayores de Suiza. Se trata de la organización KlimaSeniorinnen (que viene a traducirse como «Mujeres Mayores por el Clima»), que consiguió la primera victoria en un caso relacionado con el cambio climático ante el Tribunal Europeo de Derechos Humanos.

Su historia comienza en el año 2016, momento en el que se constituye la organización, con unas 150 mujeres mayores de una edad media de setenta y tres años. En ese mismo año, lanzaron una batalla legal contra las autoridades suizas por las consecuencias cada vez más intensas que las olas de calor tienen sobre la salud. El Tribunal Administrativo Federal de Suiza y, posteriormente, el Tribunal Supremo Federal, máxima autoridad jurídica del país, desestimaron el caso al considerar que a las demandantes no les había afectado suficientemente ni de manera directa el incumplimiento que alegaban.

En 2020, con el apoyo de Greenpeace Suiza, apelaron ante el Tribunal Europeo de Derechos Humanos, que aceptó la causa. El hecho de que el tribunal celebrara una audiencia pública sobre un caso de cambio climático en marzo de 2023 por primera vez en su historia fue un éxito en sí mismo. Pocos imaginaron que el fallo también sería positivo. Los jueces concluyeron que Suiza incumplió sus obligaciones de garantía de derechos, específicamente el derecho a un proceso judicial justo y el respeto de la vida privada y familiar, que, en opinión del tribunal europeo, abarca el «derecho de las personas a una protección efectiva por parte de las autoridades estatales frente a los graves efectos adversos del cambio climático en su vida, salud, bienestar y calidad de vida».

No, no todas las personas jóvenes y mayores son activistas y están comprometidas socialmente, pero tampoco es cierto lo contrario. Usemos nuestro cazamitos para cuestionar cuánto de verdad hay en frases que tratan de homogeneizar a todas las personas que pertenecen a un grupo de edad.

Estoy segura de que también habrás participado en numerosas conversaciones en las que se califica a los jóvenes de vagos y fiesteros. Alguien habrá sacado a relucir la famosa expresión «nini» para hacer referencia a que la gente joven ni estudia ni trabaja. En contra de estas leyendas, tenemos datos que ponen de relieve un incremento continuado en los índices de escolarización de jóvenes en la educación formal en España. Según informes del INE del año 2022, solo un 12 por ciento de los españoles de entre quince y veintinueve años no cursan estudios, no están empleados ni reciben capacitación. Además, como comentaba en el capítulo anterior, cuando nos centramos en un estereotipo y suponemos que la gente joven que no trabaja es vaga, no somos capaces de ver los problemas estructurales del mercado laboral que impiden una entrada digna en él. También resulta que la gente joven de hoy sale menos que antes. Según el Instituto de la Juventud, solo el 21 por ciento de la población de entre quince y veintinueve años salía casi todos los fines de semana en el año 2013 en España, frente al 44 por ciento en 2003. Y cada vez son más los jóvenes que reducen el consumo de alcohol o incluso dejan de beber. En 2014, solo el 8 por ciento de los adolescentes de quince años lo consumía cada semana en España, una tercera parte de los que lo hacían en 2002. Se han encontrado resultados similares en otros países.[84]

¿Y quién no ha oído decir que las personas mayores son un lastre para la sociedad, tanto a nivel económico como social? A nivel económico, este mito presupone que la inversión en la población mayor es más elevada que su aportación. Sin embargo, hay pocas investigaciones que sustenten esta afirmación. De hecho, un estudio bastante completo realizado en el Reino Unido demostró todo lo contrario. Tras contabilizar el gasto público destinado a las personas mayores (jubilaciones y otras prestaciones como atención sanitaria y social) y su aportación a la sociedad (aportaciones financieras directas, tributación, gastos, prestación social, voluntariado...), se constató que las personas mayores habían realizado un aporte neto de casi 40.000 millones de libras.[85] En España, el impacto económico de los 18,6 millones de habitantes mayores de cincuenta años equivale a 325.303 millones de euros, casi un tercio del PIB nacional.[86]

Alguien podría argumentar que esa carga está presente, sobre todo, en el entorno sanitario. Pero es que ni siquiera esto es tan evidente. Se ha visto que los gastos médicos son más altos justo en el periodo antes de morir, y esto es cierto independientemente de la edad a la que uno muera. Además, aunque la vejez sí se asocia con una mayor necesidad de atención sanitaria, el uso de los servicios de salud por parte de la población mayor no es necesariamente proporcional a esta necesidad. En entornos de bajos ingresos donde se suele concentrar una mayor carga de morbilidad, las personas mayores usan los servicios de salud con menos frecuencia. Incluso en países de ingresos altos, la población mayor más pobre, que suele presentar mayores necesidades, utiliza los servicios de salud con menos frecuencia que sus pares con mayores ingresos. Por otro lado, el vínculo entre la edad y el coste de la asistencia sanitaria está muy influido por el tipo de sistema de salud, y parece que hay otros factores que pueden condicionar un incremento del gasto en la atención médica, como el creciente uso de la tecnología en el sector. Así que, una vez más, estas generalizaciones no nos dan información válida. Predecir posibles aumentos del gasto en asistencia sanitaria según el envejecimiento de la población resulta simplista.

Gran parte de la angustia intergeneracional propagada por economistas y políticos se centra en el concepto de la «ratio de dependencia», que se ha usado y sigue usándose en diversos círculos. Este indicador trata de comparar la proporción existente entre la población dependiente y la que no lo es. El fallo sumamente edadista de este concepto es que considera que todas las personas de sesenta y cinco años o más son dependientes y que todas las personas de entre quince y sesenta y cinco no lo son. Este indicador se halla también detrás de muchas proyecciones alarmistas del presente y futuro demográfico. Ya se han empezado a proponer indicadores alternativos, como la «ratio de dependencia adulta», que compara la ratio de adultos inactivos con los adultos que continúan siendo económicamente productivos, teniendo en cuenta los crecientes niveles de empleo entre las personas mayores. Cuando empleamos este indicador más fiable, vemos que se presenta un pronóstico económico mucho más tranquilizador. No obstante, la ratio de dependencia, a veces llamada «tasa de dependencia de la vejez», sigue colándose en estudios, periódicos y argumentos utilizados en política.

La falsa dicotomía que enfrenta a las generaciones ha sido desacreditada innumerables veces y, sin embargo, continúa apareciendo en los titulares. Vimos un ejemplo de esto relacionado con la vivienda en el capítulo 7, pero es posible que la falacia más manida sea la que establece que a más empleo en la población mayor, menor empleo juvenil. Una vez más, vayamos a los datos con nuestro cazamitos. La evidencia de diversos países indica que la participación laboral de la población mayor está positivamente relacionada con la tasa de empleo de los jóvenes y negativamente con su tasa de paro (véase la figura 6). Esto quiere decir que, en términos generales, la situación laboral de los jóvenes y los mayores es complementaria y no se reemplaza mutuamente, incluso teniendo en cuenta el impacto del ciclo económico. La creencia equivocada de que un aumento en la participación de las personas mayores en el mercado laboral disminuye las oportunidades de empleo para los jóvenes se basa en las suposiciones de que la demanda de trabajo es constante y de que jóvenes y mayores son completamente intercambiables.

Un motivo por el que el edadismo se propaga como un virus altamente infeccioso es que aceptamos con demasiada facilidad la información que recibimos acerca del envejecimiento y los diferentes grupos de edad. ¿Por qué la aceptamos sin contrastarla? ¿Qué pócima hemos bebido que nos empuja a darla por cierta así, sin más? Cuando algo se repite con la suficiente frecuencia, a menudo acabamos confundiéndolo con la verdad. Dado que los estereotipos y los bulos sobre la edad llevan decenios circulando en nuestra sociedad, los aceptamos sin validarlos. Por suerte, el cazamitos está a nuestro alcance,

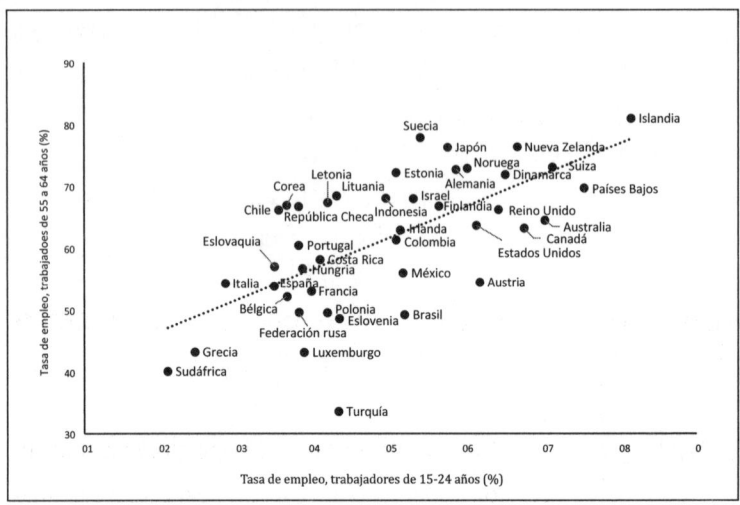

Figura 6. Tasa de empleo de personas jóvenes y mayores en diferentes países. *Fuente*: elaboración propia a partir de Jasmin y Rahman (2021).

ofreciéndonos una primera herramienta para hacerle frente al edadismo. Es hora de cuestionar la información que recibimos, sobre todo si generaliza, dándonos a entender que todas las personas de una determinada edad son iguales, o que existe un enfrentamiento y una incompatibilidad entre el bienestar de un grupo etario con respecto a otro.

9

Aprende más y comparte tu conocimiento

> Los prejuicios, es bien sabido, son más difíciles de erradicar en el corazón cuyo suelo nunca ha sido descompactado ni fertilizado por la educación: allí crecen, firmes como la mala hierba entre las piedras.
>
> Charlotte Brontë, escritora

En el año 1999, David Dunning y Justin Kruger definieron una distorsión cognitiva que nos hace sobrestimar nuestras capacidades y conocimientos. Es lo que pasó a conocerse como el «efecto Dunning-Kruger», y su premisa es que cuanto menos sabemos sobre algo, más creemos saber.[87] El edadismo sigue entre nosotros, en gran parte, porque no lo entendemos bien y porque sobrestimamos nuestro conocimiento. En España, por ejemplo, el 51 por ciento de la población considera que no existe edadismo o que no es un problema grave. Tan solo un 12 por ciento considera que es un problema muy serio. Estos porcentajes son similares en otros países.[88] Si no tenemos la suficiente humildad como para admitir nuestras carencias, será complicado que las superemos. Enfrentarnos al edadismo implica reconocer lo que no sabemos y continuar aprendiendo. Si logramos hacerlo, habremos dado un paso de gigante.

El proceso de aprendizaje nos puede resultar más sencillo si visualizamos el cerebro como una despensa. Una despensa reúne una serie de alimentos que han ido a parar ahí por diversos motivos. Muchos acaban en ella de forma casi automática porque llevamos mucho tiempo consumiéndolos. Piensa en esa marca de macarrones que llevas comprando cinco o diez años. Otros productos, como pueden ser unas patatas fritas de bolsa, los incluimos en la despensa aun sabiendo que no son saludables. Es posible que incluso al fondo haya alimentos insospechados de los que no teníamos constancia hasta que hacemos una limpieza exhaustiva. Por ejemplo, una lata de sardinas. También hay productos que hemos comprado en momentos de inspiración para probar algo nuevo. Afrontar el edadismo implica hacer inventario de lo que guardamos en la despensa y elegir de manera consciente qué queremos tener en ella.

Hacer inventario

Algunas personas que actúan de forma discriminatoria son abiertamente edadistas, pero muchas otras tienen convicciones igualitarias y aun así muestran sesgos importantes. Pasar revista al contenido de la despen-

sa cerebral nos permite desentrañar estas contradicciones.

Como explicaba en el capítulo 3, la mayoría de las personas piensa que no es edadista aunque sí lo es. Es muy probable, por tanto, que la despensa contenga ideas preconcebidas y estereotipos, y que los usemos por hábito. Así, podemos atribuir determinadas actividades o predisposiciones a edades concretas, como por ejemplo el uso de la tecnología o la creatividad a los más jóvenes, y quizá esperemos de manera sistemática ciertas cosas de personas de una edad concreta. A lo largo del libro he descrito múltiples ejemplos de estereotipos que aplicamos a diario. Muchos son conscientes, pero es posible que no los hayamos analizado a fondo, lo que nos ha impedido ver de qué manera chocan con nuestros valores. Las gafas y la escalera del tiempo que presenté en los capítulos 3 y 5 nos deberían ayudar a detectar estos sesgos que, como esos macarrones de la despensa, hemos ido «consumiendo» de manera automática.

También es posible que hayamos perdido de vista

o, mejor dicho, que hayamos dejado de ser conscientes de ciertos estereotipos que tenemos; como aquella lata de sardinas olvidada en la parte de atrás de la despensa. Muchas veces ni siquiera sabemos que los sesgos están ahí, influyendo en nuestras reacciones. Hay gente que puede creer que es igualitaria y, a la vez, sentirse incómoda o tener reacciones negativas ante otras personas (por ejemplo, ante quienes tienen un color de piel diferente del propio).[89] No es que mintamos. Simplemente, la mente humana puede albergar creencias que respaldamos conscientemente, a la par que estereotipos que no.

Para quienes valoramos la igualdad de todas las personas, es posible, entonces, que nuestros sesgos etarios provengan de una combinación de creencias desconocidas e inconscientes que no respaldamos y de creencias y hábitos sobre los que no hemos reflexionado. Lo importante es que los identifiquemos y nos percatemos de que entran en conflicto con nuestros valores, y que después tengamos la motivación y el compromiso suficientes para afrontarlos.

Hacer el inventario de nuestra despensa también nos permite averiguar qué es lo que no contiene. ¿Te has planteado alguna vez quién quieres ser cuando seas mayor? ¿Guarda tu despensa una proyección de tu futuro? Y cuando hablo de tu futuro, no estoy hablando solo de tu yo de veinte, treinta o cincuenta años. Estoy hablando también de tu yo octogenario y nonagenario. Es probable que hayas evitado activamente incluir ideas sobre tu propia vejez en la despensa porque el mundo te ha desanimado a hacerlo. En general, el envejecimiento se mide, no por lo que es, sino por lo que no es. La mayoría de las visiones sobre la vejez actuales son tan negativas que hacen que no queramos pensar en esta parte de la vida y que la rechacemos. No es de extrañar, pues, que solo una de cada tres personas (33 por ciento) a nivel mundial espere con ansias llegar a esta etapa. En España este porcentaje desciende al 15 por ciento.[90]

La mayor parte de la gente sabe tan poco sobre el envejecimiento que ni siquiera conoce cuál es su esperanza de vida. Con el objetivo de lograr una mayor comprensión y planificación de la vejez en el Reino Unido, la oficina nacional de estadística del país dispone de una calculadora para que cualquier persona pueda averiguar su esperanza de vida y sus posibilidades de vivir hasta los cien años.[91] Aunque para hacer estos cálculos se usan datos específicos de supervivencia del Reino Unido, te animo a calcular qué edad podrías alcanzar si vivieras allí. Lo más seguro es que te sorprenda, ya que en general subestimamos nuestra esperanza de vida. ¿Cómo vamos a plantearnos nuestra vejez si ni siquiera tenemos una idea de cuántos años viviremos?

Esta falta de conocimiento acerca del envejecimiento también lleva a una falta de planificación. Un ejemplo de ello lo vemos en nuestras cuentas bancarias. En general, no tenemos ni idea de cuánto dinero necesitamos ahorrar para tener una vejez digna. En el Reino Unido, 100.000 personas de entre dieciséis y setenta y cinco años estimaron cuánto debían ahorrar para tener unos ingresos de 25.000 libras esterlinas al año durante veinte años después de la jubilación, suponiendo que también recibirían una pensión estatal completa. De promedio, la gente estimó que necesitaría tan solo 124.000 libras esterlinas cuando la cifra real es de 315.000.[92]

Incluso personas que hoy tienen sesenta o sesenta y cinco años carecen de su propia proyección de futuro. De hecho, la mayoría no se siente identificada con su edad cronológica y suele posponer el momento en que considera que se inicia la vejez según se aproxima a esta etapa.[93] Repudiar nuestra propia edad cronológica o disociarnos de ella es una estrategia que, aunque a corto plazo puede hacer de barrera de choque ante la amenaza del estereotipo, es insostenible. Llegará un momento en el que ya no podremos ocultar que somos personas mayores y, al haber evitado reconocernos en nuestra propia vejez, es probable que no hayamos configurado esta etapa ni exigido las condiciones que necesitamos para sacarle partido. Esta disociación también puede implicar un rechazo a una parte importante de nosotros mismos y evitar que disfrutemos de las consecuencias positivas de una autoidentificación coherente y completa. Y en ese afán por distanciarnos, podemos acabar convirtiéndonos en las personas que más discriminan por edad.

Disociarnos de nuestra edad también puede reafirmar estereotipos existentes. Por ejemplo, cuando decimos que nos consideramos más jóvenes de lo que marca nuestro carnet de identidad porque nos sentimos sanos y vigorosos, estamos reforzando la idea de que la vejez es sinónimo de enfermedad y debilidad y la juventud equivalente a salud y fuerza. De la misma forma, cuando afirmamos que no nos sentimos mayores, es probable que lo que realmente estemos diciendo es que no sentimos todas esas cosas que la sociedad dice que uno debería sentir a esa edad. Dado que la edad cronológica solo está vagamente correlacionada con nuestra edad biológica, ¿qué necesidad hay de perpetuar esta ecuación errónea que equipara ser joven con estar sano y ser mayor con estar mal? Como señala la activista Ashton Applewhite, negar nuestra edad otorga al número más poder del que merece y genera una división artificial y destructiva entre nuestro yo actual y nuestro yo futuro. Es hora de desprendernos de este contenido de nuestra despensa y de «aprender a integrar en nuestra vida nuestra propia vejez», tal y como sugiere Simone de Beauvoir. Una cosa que quizá facilite esto último es utilizar una de esas nuevas aplicaciones de móvil que transforman una foto actual haciéndonos parecer mayores. Con la imagen delante podemos plantearnos quiénes seremos y qué haremos entonces.

Todas y todos tenemos la posibilidad de imaginar una vida con todas sus etapas y edades y de aprender acerca del proceso universal que es el envejecimiento. Es importante que visualicemos estos futuros imaginados porque nos ayudarán a anticipar y a esperar cada etapa con ilusión, así como a ser conscientes del tipo de mundo que necesitaremos para poder disfrutar en ellas como deseamos. Al ayudarnos a conectar con nuestros futuros yoes, nos permitirán además relacionarnos más fácilmente con personas de edades diferentes a la nuestra y elegir más cuidadosa y detenidamente el contenido de nuestra despensa.

Elegir el contenido

Si queremos reconfigurar nuestra despensa, es indispensable dejar atrás los malos hábitos y aportar productos nuevos. Para ello, tendremos que aprender a crear nuevos hábitos y a elegir aquellos alimentos que más nos convengan.

Dejar atrás los malos hábitos

Al igual que deshacernos de las patatas fritas de bolsa de nuestra despensa puede requerir deliberación, replantear nuestras creencias puede exigir cierto esfuerzo. Como veíamos en el capítulo 2, hay una serie de factores que nos ponen difícil la tarea de desechar todos los estereotipos que tenemos. Una vez que categorizamos a las personas según su edad, el cerebro distorsiona la realidad. Sin darnos cuenta, exageramos las diferencias entre grupos y minimizamos las que existen entre miembros del mismo grupo. Y cuanto mayor sea la relevancia de las categorías en la sociedad, mayor será también la magnitud de estas distorsiones. Además, mantener los estereotipos nos resultará reconfortante al proporcionarnos una ilusión de certeza en un mundo cada vez más incierto. Así, solemos resistirnos a incluir en la despensa información nueva que pueda cuestionar ideas preconcebidas y a eliminar estereotipos incluso aunque la evidencia en contra sea innegable. De hecho, con frecuencia nos aferramos a ellos, buscando, favoreciendo y recordando información que confirme o respalde nuestras creencias preexistentes. Es lo que se denomina «sesgo de confirmación».[94]

Sin embargo, la categorización social por edad no tiene por qué conducir al edadismo. Tenemos la posibilidad de darle una vuelta a nuestra despensa cerebral. Podemos entrenar el cerebro para que, aun teniendo categorías sociales relacionadas con la edad, estas no desencadenen sesgos hacia otras personas o, al menos, no siempre. Hay una serie de técnicas que podemos utilizar para ello. En primer lugar, podemos esforzarnos por extraer datos de la persona que tenemos delante que permitan una individualización; es decir, que veamos al individuo, en vez de nuestro concepto abstracto de cómo es una persona de su edad. Se ha visto, por ejemplo, que cuantos más detalles tengamos acerca de una persona mayor o joven, menos probable será que la estereotipemos. También tenemos menos prejuicios cuando pensamos en miembros del otro grupo que tienen características particularmente positivas o no estereotipadas.[95] Otros estudios han descubierto que los estudiantes que practican respuestas no estereotipadas en sus interacciones con miembros de otros grupos son más capaces de evitar la activación de estereotipos negativos en el futuro.[96] Esto significa que la práctica continuada ayuda a hacer más eficiente el proceso de supresión de estereotipos. Así que cuando interacciones con personas de una edad diferente a la tuya, fíjate en los detalles y en características positivas, y entrena tu cerebro para dejar atrás los malos hábitos instaurados.

Este esfuerzo también tendrá recompensas para ti. Nuestras creencias sobre el envejecimiento y los diferentes grupos de edad pueden influir en nuestro propio futuro. En el capítulo 5 veíamos claramente este efecto. La buena noticia es que, así como tener estereotipos y percepciones negativas acerca del envejecimiento puede empeorar nuestra salud y bienestar en la vejez, diferentes estudios han demostrado que también sucede lo opuesto. Esto es, mostrar una actitud positiva hacia el envejecimiento tendrá beneficios. Diversos estudios longitudinales muestran que las personas que perciben el envejecimiento de manera positiva en etapas más tempranas de la vida tienen mejor salud funcional, mayor rendimiento cognitivo y menos biomarcadores de estrés cuando son mayores. Numerosos estudios experimentales también ponen de manifiesto que la exposición a información positiva puede mejorar el rendimiento físico y la memoria. Por suerte, ser conscientes de que los sesgos que tengamos hoy pueden ejercer un efecto negativo en nuestro propio futuro parece reducir el edadismo, al menos a corto plazo, y hace que nos sintamos más conectados con las personas mayores. De manera similar, aprender que la amenaza de estereotipo existe puede ayudarnos a no caer en su trampa. [97]

Rellenar la despensa con nuevo contenido

Aprender y adquirir conocimiento acerca del edadismo y del proceso del envejecimiento nos permite reeducar el cerebro y mejorar el contenido de nuestra despensa. Programas educativos centrados en estos temas y realizados en diversos lugares y con distintos sectores (por ejemplo, en colegios y universidades o en entornos laborales y sectores tan diferentes como el de la salud o el del trabajo social) han demostrado que sus participantes no solo incrementaban su conocimiento, sino que también reducían su nivel de edadismo.[98] Por ejemplo, en Babol, Irán, un programa que incluyó una serie de talleres acerca del envejecimiento y del desarrollo humano a lo largo del ciclo de la vida consiguió reducir los sesgos que tenían sobre las personas mayores los estudiantes de primaria, secundaria y formación superior.[99]

Una opción complementaria es ponernos en la piel de los demás, ya sea a través de juegos de rol o de la escucha activa de las vivencias de otras personas. Los juegos de rol ofrecen un método dinámico e interactivo que nos permite desarrollar la empatía, algo fundamental para abordar y prevenir los prejuicios y los estereotipos. Al sumergirnos en las experiencias y perspectivas de los demás, el juego de rol nos ayuda a romper nociones preconcebidas y a comprender mejor los desafíos y barreras que afrontan las personas de edades diferentes a la propia. Estas actividades se pueden realizar en entornos educativos, laborales y familiares o en programas específicos para combatir el edadismo. Y si los juegos de rol no son lo tuyo, puedes interesarte por las historias de vida de personas en diferentes etapas vitales.

Los neurocientíficos han comprobado que leer o escuchar anécdotas personales aumenta nuestra empatía hacia los demás. Cuando nos cuentan una buena historia, el cerebro entero se enciende como si nosotros mismos fuésemos los protagonistas, y podemos llegar a liberar oxitocina, lo que mejora nuestra capacidad para conectarnos emocionalmente con los demás. Las historias, con su estructura narrativa y su atractivo emocional, influyen además en nuestras respuestas más intuitivas e inmediatas. Cuando aún trabajaba en la Organización Mundial de la Salud, desarrollamos una guía de conversación sobre edadismo precisamente para fomentar el intercambio de estas historias y promover una mayor reflexión acerca de este fenómeno.[100]

Empezar de cero

Hasta aquí hemos hablado de cómo reconfigurar una despensa ya creada, algo que obviamente requiere cierto esfuerzo. A todos nos da pereza reflexionar acerca de lo que consumimos y andar sacando y metiendo productos de la despensa. Lo bueno es que el edadismo no viene de serie. Hay millones de despensas por crear. Podemos evitar que millones de niñas y niños desarrollen sesgos edadistas en la infancia. Esta es una época prometedora para intervenir, ya que los niños han experimentado menor exposición y refuerzo de estereotipos.[101] Esto significa que sus sesgos están menos arraigados que los de los adultos.

Como veíamos en el capítulo 2, lo que sienta las bases de los sesgos no es el hecho de que podamos percibir que una persona es joven o mayor. Los niños pueden percibir diferencias entre personas y grupos sin utilizarlas para hacer inferencias y sin expresar estereotipos, prejuicios y discriminación. Los humanos presentamos sesgos si se nos enseña a centrarnos en las distinciones de grupo y si nuestra cultura las dota de significado e insiste en que esas diferencias importan.

Si nos dicen que una categoría es importante, deducimos que las personas que pertenecen a esa categoría comparten algo. Y cuanto más se enfatice una categoría, más nos fijaremos y más la usaremos en nuestras interacciones. Esto se ve claramente en un estudio clásico que se realizó en una escuela de verano en Estados Unidos y en el que a los niños de cada clase se les asignó, al azar, o una camiseta azul o una amarilla, que sería su camiseta de trabajo durante el programa estival de seis semanas. En algunas aulas, los profesores ignoraron las camisetas azules y amarillas mientras que, en otras, los profesores usaron reiteradamente los colores de las camisetas tanto para organizar la clase como para referirse a los estudiantes. Crucialmente, en ninguna de las clases se favoreció a las personas que llevaban una camiseta concreta ni se promovió la competición entre los que llevaban la una o la otra. Con el tiempo, se vio que los alumnos empezaban a desarrollar concepciones sobre «los azules» y «los amarillos», pero solo en aquellas aulas en las que el personal docente hacía hincapié en el color de la camiseta. La mera existencia de esta diferencia visible en la clase, junto con el hecho de que un profesor hiciese uso de esa diferencia, puso en marcha las ruedas del sesgo.[102] Como mencionaba antes, los sesgos no surgen porque existan diferencias perceptibles entre categorías, sino porque a dichas categorías se les da importancia y significado en una cultura concreta. Si queremos que las niñas y niños de nuestro entorno cuenten con despensas óptimas que no requieran reconfiguración posterior, es importante evitar el uso innecesario de categorías de edad.

La sociedad tiene infinitas maneras de hacer palpables las diferencias que considera importantes, como es la segregación de los grupos o las relaciones estructurales entre estos. La forma en que interaccionamos con personas de diferentes edades será percibida por los miembros más pequeños de nuestras familias y comunidades y denotará la importancia de cada categoría social.

Las etiquetas ejercen una influencia importante en estos procesos de categorización social y posterior creación de sesgos. En un estudio realizado por Rebecca Bigler a principios de los noventa, esta psicóloga descubrió que la eliminación de etiquetas de género podía ayudar a reducir estereotipos de género entre el alumnado de un colegio. A lo largo de cuatro semanas, puso en práctica un experimento en el que los estudiantes de un grupo eran expuestos y categorizados según las etiquetas «niño» y «niña». A los integrantes del otro grupo se los llamaba por su nombre. El resultado fue que el grupo de alumnos con el que se usaban etiquetas para recalcar el género mostraba más estereotipos de género que el grupo de control. Por ejemplo, describían a la mayoría de las niñas como amables, lloronas y ordenadas, y a la mayoría de los niños como aventureros, atléticos y amantes de las matemáticas. También consideraban que determinados oficios eran más apropiados solo para hombres o solo para mujeres.[103]

Los niños desarrollan su sentido del mundo minuto a minuto a través de la comunicación. Como adultos, podemos utilizar el lenguaje con cuidado para ayudar a los más pequeños a verse a sí mismos y a los demás como individuos, libres de elegir su propio camino. Con el lenguaje, podemos ayudar a que desarrollen hábitos mentales que cuestionen las opiniones estereotipadas de las personas de su entorno. Ello requerirá que eliminemos el uso de etiquetas innecesarias y que pasemos de usar afirmaciones generales («los jóvenes son creativos») a una forma de comunicación más concreta («esos jóvenes son muy creativos»). Asimismo, cuando un niño haga una afirmación general y estereotipada, siempre podemos preguntarle: ¿En quién estás pensando concretamente? Comprobarás que la mayoría de las veces tendrá a alguien en mente y su respuesta le ayudará a pensar en individuos concretos, en lugar de grupos.

Una de las herramientas más poderosas con la que contamos para evitar el edadismo es la educación. Tenemos la oportunidad de crear despensas más óptimas si aprendemos acerca del edadismo, de los diferentes grupos de edad y del envejecimiento. Para ello, habrá que identificar y eliminar las contradicciones que existan entre nuestros valores y sesgos, desechando malos hábitos, y eligiendo de manera más cuidadosa qué queremos tener dentro.

10

CREA CONEXIONES SIN LÍMITE DE EDAD

> Cuando yo acepte tu diferencia y tú aceptes la mía, seremos iguales.
>
> ELVIRA SASTRE, escritora

Muchas veces damos por sentada nuestra forma de socializar y de habitar el mundo, incluidas las relaciones que tenemos o la manera en que configuramos nuestras comunidades. Olvidamos que nuestra manera de vivir la hemos creado nosotros mismos como sociedad. Olvidamos, por tanto, el poder que tenemos de cambiarla.

Nacemos, crecemos y envejecemos en entornos físicos y sociales segregados por edad. El espacio público, las actividades y los programas de nuestros pueblos y ciudades a menudo son diseñados para grupos de edad concretos, evitando que nos juntemos, tal y como vimos en los capítulos 3 y 4. La clasificación por edad se ha institucionalizado de tal manera que impregna todos los aspectos de la vida. Incluso existen unos límites no escritos que definen una relación de amistad «normal» o «apropiada».

Si le dices a alguien que tienes una amiga que es dos o tres años mayor que tú, no se genera ninguna reacción, pero si te ven pasear con una amiga quince años mayor o menor, empiezan las preguntas. En general, es poco probable que personas de diferentes edades se mezclen fuera de sus propias familias o de su entorno laboral, y es probable que estas relaciones tengan un tono diferente al de la amistad. Este «apartheid etario» en el que vivimos conduce a divisiones artificiales dentro de nuestras comunidades y proporciona un terreno fértil para el edadismo. No entablar relaciones de amistad con personas de diferentes edades hace que sea más difícil comprender lo que significa ser mayor o más joven y nos aboca a permanecer fieles a los estereotipos que tenemos porque nos falta la ocasión de contrastarlos con individuos de carne y hueso.

Lo curioso es que esta segregación contrasta con nuestro deseo de tener mayor contacto intergeneracional. En una encuesta realizada en seis países con más de doce mil personas de dieciocho años o más, el 92 por ciento de los participantes eran receptivos a tener amigos de otra generación.[104] De hecho, el 77 por ciento consideraba que tener unas relaciones estrechas con personas de diferentes edades era algo bueno.[105] Aun así, solo el 57 por ciento indicó que tenía un amigo de una generación diferente a la suya.

Otro estudio mostró que menos de la mitad (45 por ciento) de los encuestados tenían amigos al menos quince años mayores que ellos, mientras que solo un tercio tenía amigos al menos quince años más jóvenes.[106] Curiosamente, este estudio desveló que las personas de entre cincuenta y cinco y sesenta y cuatro años eran las que contaban con menos probabilidades de tener amigos quince años mayores (39 por ciento en comparación con el 45 por ciento en general) y también las que presentaban más probabilidades de tener amigos que fuesen al menos quince años más jóvenes (el 50 por ciento en comparación con el 46 por ciento de las personas de entre cuarenta y cinco y cincuenta y cuatro años y el 38 por ciento de los encuestados con edades comprendidas entre los treinta y cinco y los cuarenta y cuatro años). Como vimos en capítulos anteriores, quienes se hallan en la frontera de la vejez, muchas veces no se reconocen en la imagen de persona mayor que proyecta la sociedad y se ven más jóvenes de lo que realmente son. Esta falta de contacto con gente mayor aumenta la probabilidad de que no comprendan la realidad que se avecina y pierdan valiosas oportunidades de aprender de la experiencia de otros y de planificar su propia vejez.

Supongo que ya ves por dónde van los tiros. Las relaciones con personas de edades diferentes a la nuestra son increíblemente enriquecedoras y una manera muy efectiva de evitar el edadismo. En estas interacciones te sorprenderá comprobar la discrepancia entre cómo suponías que serían las personas con las que te relacionas y lo que descubrirás de primera mano. Esta es la penúltima herramienta que quiero darte: unas agujas de ganchillo para que vayas tejiendo una red de relaciones sin límites de edad. Hablo de red porque cuantas más personas diferentes formen parte de ella, más fácil será que aprecies la gran diversidad que existe en cualquier grupo de edad.

Una de las razones principales por las que las personas tienen sesgos es porque ven a los miembros de otros grupos como diferentes, lo que suele suceder en contextos donde el contacto mutuo es limitado, inexistente o de mala calidad.

Cuando conocemos a alguien de otra categoría (y nuestra despensa ya cuenta con su categorización social y una serie de creencias acerca de los miembros de ese grupo), es probable que tiremos de estereotipos. Sin embargo, cuando llegamos a conocer bien a una persona concreta, podemos acabar ignorando casi por completo a qué grupo pertenece y tratarla como individuo. Cuanta más experiencia tenemos en distinguir a los miembros de un grupo, mayor es nuestra capacidad de ver a los individuos y no al supuesto grupo. Simplemente hay demasiadas diferencias entre los integrantes de un grupo como para que los clichés sean correctos o informativos. Esto también se aplica al edadismo.

Todos podemos tener amistades con personas de mayor y de menor edad que la nuestra. Existen contextos que hacen este encuentro más propicio. Por ejemplo, hay entornos educativos que, aun sin haber sido diseñados para favorecer un encuentro intergeneracional, lo facilitan. Esto lo vi claramente en la Universidad Nacional de Educación a Distancia (UNED). El modelo educativo de este tipo de universidad, al igual que otros similares como el de la Universitat Oberta de Catalunya (UOC) o la formación a través de MOOC, gira en torno a la educación en línea. Al no imponer horarios estrictos, facilita que personas con diferentes necesidades puedan coincidir a la hora de estudiar. Yo he compartido módulos con gente desde los veinte hasta los setenta años. Algunas personas perseguían su primer grado; otras su segundo o tercero. Algunos ya trabajaban o tenían otras responsabilidades. Independientemente de la fase vital, estas plataformas permiten que personas de todo el mundo y de todas las edades se formen juntas en un área de común interés. Cuando residía en Ginebra, en colaboración con varios vecinos de la comunidad donde vivía, creamos un huerto urbano en el patio interno del conglomerado de edificios de la manzana. Pronto se unieron otros vecinos y el proyecto acabó transformándose en algo más completo, incluyendo comidas y diversas actividades que reunían regularmente a vecinos de todas las edades. Sin proponérnoslo, habíamos creado un espacio de encuentro intergeneracional.

Existen programas y actividades intergeneracionales en todo el mundo, así que seguro que encuentras alguno en tu comunidad. Puede ser un programa de literatura, de yoga o de cine. Cualquier interés servirá de puerta de entrada, ya que generará una primera puntada en tu tejido de relaciones sin límites de edad. Algunas de estas actividades son más duraderas que otras y su intensidad también varía. Por ejemplo, hay actividades en las que las personas mantienen contacto por carta durante meses y solo hacia el final del programa se reúnen en persona para poder continuar desarrollando su amistad. La edad de los participantes también difiere dependiendo del programa. Algunas iniciativas juntan a niños en edad preescolar con personas mayores que viven en residencias; otras a jóvenes adultos con personas mayores que viven en su casa; y otras conectan a personas que se acercan a la vejez con otras de más edad. Lo importante es que encontremos iniciativas que nos motiven y que estén bien organizadas y estructuradas.

Una iniciativa que se ha expandido por toda Europa surgió en la ciudad de Oporto, lugar que cuenta con una población muy mayor y muy joven. La ciudad portuguesa tiene una de las poblaciones más envejecidas del país: tres de cada diez personas superan los sesenta años. A su vez, unos setenta mil estudiantes llegan a la ciudad cada año para disfrutar de su universidad y otras instituciones educativas, constituyendo aproximadamente otro tercio de la población. El programa Aconchego se inició en el año 2004 para conectar a estudiantes en busca de alojamiento con personas mayores que vivían solas y tenían una habitación libre. Desde su lanzamiento hasta 2024 se han beneficiado ya unas seiscientas personas, jóvenes y mayores. Tal ha sido la acogida del programa que se ha extendido a otras ciudades de Portugal y se han desarrollado programas similares en otros países.

Los programas de convivencia intergeneracional también se han popularizado en España, donde existen unos dieciséis programas activos y repartidos por todo el territorio. Uno de los primeros fue Convive, que está establecido en Madrid y es una iniciativa parecida al programa Aconchego por la que han pasado más de mil ochocientas personas. También existe el programa Viure i Conviure en Barcelona. Estos programas consisten en proporcionar alojamiento a jóvenes estudiantes en el domicilio de personas mayores. Para acceder a este último, los estudiantes deben estar matriculados en un grado, un máster o un posgrado universitario, tener entre dieciocho y treinta y cinco años y contar con tiempo disponible para la convivencia con la persona mayor, que a su vez debe tener sesenta y cinco años o más, estar dispuesta a compartir su casa y vivir con autonomía.

Más allá de la convivencia entre estudiantes universitarios y personas mayores, se han establecido planes de vivienda en diferentes partes del mundo para fomentar las relaciones intergeneracionales. A veces conocidos como «barrios para toda la vida», existen urbanizaciones diseñadas para que jóvenes y mayores puedan vivir juntos y apoyarse mutuamente. Desarrollados por primera vez en Dinamarca en la década de 1960, los planes se han extendido a los Países Bajos. En la ciudad de Amersfoort, por ejemplo, hay al menos diez comunidades locales de convivencia. Una de ellas está compuesta por cuarenta y tres personas cuyas edades oscilan entre cincuenta y cinco y ochenta y tres años, y que viven en un total de treinta y seis hogares. En Alcoy, España, se ha impulsado en el año 2023 la construcción de dieciocho viviendas intergeneracionales.[107] Y en la ciudad de Kagoshima, en Japón, se ha hecho famosa la Nagaya Tower, un edificio de seis plantas construido de manera intencionada para propiciar el encuentro de sus residentes, que incluyen a personas de todas las edades. Para ello, el edificio cuenta con espacios comunitarios e instalaciones compartidas, así como personal dedicado a apoyar a los residentes y a conectarlos entre sí.[108]

Por supuesto, los programas de convivencia no están al alcance de todos. Quizá no tienes una vivienda con una habitación disponible, has dejado atrás la etapa universitaria o no vives en Alcoy. Pero seguramente existe alguna actividad en tu comunidad, abierta a personas de cualquier edad, que te permita tener este tipo de encuentro. En Hong Kong, por ejemplo, un programa intergeneracional que aspiraba a combatir los estereotipos asociados a la edad, juntó a 167 personas mayores y 179 estudiantes de secundaria. El programa fue guiado por trabajadores sociales capacitados para ello, y tras una primera etapa donde los participantes aprendieron, por separado, sobre las realidades del otro grupo, se reunió a los dos grupos para que trabajasen juntos en actividades y objetivos comunes. La evaluación mostró cambios positivos en las actitudes y una sensación de confort en las interacciones, así como un aumento en el número de estas.[109]

En Chile, la Universidad de Valparaíso implementó un programa que incorporaba tanto elementos educativos como intergeneracionales en la educación superior. En él, más de seiscientas personas mayores y ciento ochenta estudiantes universitarios exploraron juntos el envejecimiento y el edadismo. Siguiendo un enfoque participativo, se incluyó a personas mayores y jóvenes en el diseño y la puesta en práctica de las actividades. Gracias al programa, se han fortalecido las relaciones entre personas jóvenes y mayores, y se ha conseguido incluir contenido acerca del envejecimiento y los derechos de las personas mayores en los planes de estudios universitarios.[110]

Si bien sus efectos suelen ser más débiles, incluso un contacto indirecto puede servirte, ya sea a través de amigos de amigos o de tu imaginación. Me explico. El hecho de saber que un amigo de una edad similar tiene amigos de otros grupos de edad puede ayudarnos a abordar nuestros sesgos. ¿No es cierto que consideras que los amigos de tus amigos son tus amigos? Un estudio realizado en Londres reveló que esta forma de «contacto» indirecto estaba asociada a actitudes más positivas hacia las personas mayores.[111] Incluso aunque no tengamos la suerte de contar con amigos que tengan amigos de diferentes edades, podemos servirnos de nuestra imaginación. Al recrear mentalmente encuentros positivos con personas de otros grupos etarios, podremos también abordar nuestros sesgos. Un grupo de estudiantes del Reino Unido dedicó dos minutos a imaginar un encuentro con una persona mayor desconocida en el que averiguaban algo interesante sobre esa persona. Esta simple intervención redujo las actitudes negativas explícitas hacia las personas mayores, así como la tendencia a favorecer a las jóvenes.[112]

Esto se ha visto en otros estudios donde se ha demostrado que imaginar un contacto intergeneracional positivo mejora las creencias de las personas jóvenes sobre las mayores, aumenta su intención de comunicarse con ellas en el futuro, e incrementa su capacidad para adoptar el punto de vista de la población mayor.

Aunque el contacto intergrupal funciona para abordar el edadismo, a veces no se cumplen las condiciones necesarias para que tenga éxito. Uno de los requisitos es que proporcione información que demuestre que los estereotipos existentes son incorrectos. Cuando averiguamos más cosas sobre individuos de los que antes no sabíamos mucho, nos acercamos más a la verdad de cómo son, lo que nos lleva a ser menos sesgados en nuestras creencias. Pero si nuestras interacciones con los miembros del otro grupo no nos permiten aprender, entonces el contacto podría no funcionar. También es importante que los dos grupos tengan el mismo estatus. Así, es posible que actividades con una distribución desigual de estatus, como aquellas centradas en la transmisión de competencias digitales de la gente joven a la mayor, refuercen estereotipos existentes.

El contacto intergrupal depara mejores resultados, además, cuando las personas involucradas están motivadas para aprender sobre los demás. Un factor que aumenta esta motivación es la interdependencia, un estado en el que los miembros del grupo dependen unos de otros para el logro de las metas de la actividad. Para ello, es esencial que existan condiciones neutrales y no competitivas y que se favorezca la cooperación. Las situaciones de interdependencia nos acercan a los demás. Tal y como argumentan Gaertner y Dovidio, la interdependencia y la cooperación fomentan el desarrollo de una recategorización que pone de manifiesto que la gente comparte su pertenencia a un grupo más grande y superior. A partir de ahí, se producen actitudes más favorables. Esta hipótesis de que la cooperación interdependiente reduce las creencias negativas sobre los miembros de otros grupos ha sido respaldada por una cantidad sustancial de investigaciones. Por ejemplo, en un estudio se dividió a los participantes en dos equipos de tres miembros cada uno, y a cada equipo se le dio la oportunidad de crear su propia identidad grupal. Después se testeó el comportamiento de los participantes en dos supuestos. En un caso, se pidió a los dos equipos que trabajasen juntos como un equipo más grande de seis miembros para resolver un problema, mientras que en el otro, los dos grupos trabajaron en el problema por separado. Como es posible que hayas imaginado, la interdependencia creada cuando los dos equipos trabajaban juntos aumentó la tendencia de sus miembros a verse como parte de un equipo único y más grande, lo que redujo la propensión de cada grupo a mostrar favoritismo hacia su propio grupo de tres miembros.[113]

El ser humano tiene una sed insaciable de conexión. Nos pasamos toda la vida buscando contactos significativos con otras personas. ¿Por qué limitar este contacto a nuestra cohorte de edad? Además, los beneficios de tejer una red de relaciones sin límites de edad son claros: nos hace menos propensos a ser edadistas y mejora nuestras relaciones con los demás y con nosotros mismos. El contacto intergeneracional también puede evitar que sucumbamos a los efectos de la amenaza del estereotipo y aporta ganancias adicionales como el aumento de la autoestima, mejoras en la salud y el bienestar en la vejez, una menor sensación de soledad, y una mayor confianza social y reciprocidad. ¿A qué estamos esperando?

11

Movilízate y pelea por cambios

> Nunca dudes de que un pequeño grupo de personas sensatas y comprometidas puede cambiar el mundo. De hecho, es lo único que alguna vez lo ha logrado.
>
> Margaret Mead, antropóloga

Has tenido un par de capítulos para pensarlo: ¿cómo imaginas un mundo para todas las edades? Y aún más importante, ¿qué cosas necesitamos crear o eliminar para vivir en él? En vista de las injusticias y situaciones de edadismo que ahora sabes que tienen lugar, lo más probable es que pienses que la cima que hay que escalar es inalcanzable. Sin embargo, existe algo que juega a nuestro favor: el punto de inflexión social. En sociología, un punto de inflexión se define como un momento en el que un pequeño cambio cuantitativo puede desencadenar cambios rápidos y no lineales en un sistema social, lo que conduce inevitablemente —y con frecuencia, de manera irreversible— a una transformación de todo el sistema social.[114]

Un estudio publicado en la revista *Science* ha cuantificado este punto de inflexión, calculando el número mínimo de personas que necesitan adoptar una postura para lograr un cambio social. El número mágico es el 25 por ciento de cualquier grupo.[115] Has leído bien. Solo una de cada cuatro personas necesita adoptar una nueva norma social para que se inicie un efecto dominó que consigue que todas las personas la adopten. Estos datos son increíbles. Si conseguimos que una de cada cuatro personas diga basta al edadismo, estaremos bien posicionados para conseguir crear un mundo para todas las edades. He aquí la última herramienta del libro: una gota de agua.

A simple vista, una gota de agua parece insignificante. Sin embargo, una sola gota tiene mucho poder. ¿Has visto alguna vez los cambios que produce la lluvia al caer en un lago tranquilo? Una única gota de agua desencadena una cascada de efectos que reflejan la dinámica del cambio social y la importancia de las acciones individuales. Simplificándolo mucho, al impactar, la gota crea un pequeño cráter en la superficie del agua y una salpicadura. La energía de la gota también se transfiere al agua, creando ondas concéntricas que se propagan hacia fuera. Estas ondas interactúan con las corrientes existentes, alterando sus patrones y perturbando el entorno inmediato. Como la gota, la acción de un solo individuo en la sociedad puede influir en las actitudes y comportamientos de una comunidad entera, alterando el *statu quo* y desencadenando reacciones más amplias.

La alteración provocada por una simple gota se extiende más allá de la superficie, afectando a profundidades invisibles, lo que refleja cómo pueden penetrar los cambios sociales en las normas y las instituciones. A medida que las ondas se disipan gradualmente, dejan una impresión duradera en la superficie del agua, similar al modo en que las acciones individuales pueden dejar un legado de cambio. De esta manera, la humilde gota simboliza el profundo potencial de cada individuo para provocar y sostener transformaciones sociales más amplias, e ilustra que incluso las acciones más pequeñas pueden crear efectos en cadena que se hagan sentir mucho más allá del punto de impacto inicial y que, sumándose a otras acciones individuales, son capaces de generar profundos cambios sociales.

En este capítulo presentaré ejemplos de acciones que se han llevado a cabo en diferentes lugares para modificar esta sociedad edadista en la que vivimos. Incluiré tanto acciones pequeñas como esfuerzos mayores, pero me gustaría recalcar que, seas quien seas, y vivas donde vivas, no deberías minimizar tu capacidad de influencia. Hasta los cambios más grandes han empezado con una sola persona.

Cambios en lo cotidiano

Nuestras interacciones diarias ofrecen infinitas posibilidades de acción. Al inicio del libro te preguntaba qué edad tienes. Pues bien, cada vez que alguien te pregunte tu edad tienes la opción de cuestionar la importancia de este dato. Pregunta por qué la persona piensa que necesita saberla. Como decía al principio del libro, muchas veces esto se pregunta por puro hábito. Otras, porque se quieren contextualizar los logros y los fracasos de la persona, suponiendo que un individuo debe haber alcanzado ciertos hitos a una edad en concreto. De ahí a que se juzgue que somos demasiado «jóvenes» o «mayores» para esto o aquello hay un solo paso.

Sea como sea, hacer esta simple pregunta llevará a la persona que tienes delante a plantearse si realmente esta información le aporta algo. A mí me hacen esta pregunta constantemente. Y aunque en muchas ocasiones respondo, en otras me niego a decir mi edad. Esto no es porque reniegue de ella (estoy muy contenta de mis treinta y seis años), sino porque no quiero que, como han hecho tantas veces, me encasillen, presumiendo determinadas cosas de manera simplista. Te pongo un ejemplo. En un acto en el que estaba participando como ponente y que incluía a participantes de diferentes edades, uno de ellos me preguntó mi edad. Cuando le cuestioné la relevancia de este dato, la persona se percató de que, efectivamente, no venía a cuento. Como mucho, decir mi edad en ese contexto podía despertar, entre aquellos participantes con más sesgos, una duda acerca de la valía de mis aportaciones, no por mi experiencia o por el contenido de mi discurso, sino por el simple hecho de ser más joven que otros ponentes.

En otra ocasión, un hombre se me acercó tras un debate y me preguntó, con tono condescendiente, cómo era posible que la persona más joven de la sala resultase ser la mayor experta en temas de longevidad del grupo. Por supuesto, este señor se había hecho su propia composición de lugar acerca de mi presunta edad (yo no era la persona más joven del acto), pero, más allá de eso, ¿realmente vamos a dejar que la gente nos siga tratando y cuestionando de esta forma? Responder a este tipo de situaciones y poner en tela de juicio estas posibles microagresiones son gotas de agua que podemos ir dejando caer casi cada día. Y no digo que siempre tengamos respuesta. De hecho, en ese último caso, zanjé la conversación sin más y me quedé un poco frustrada conmigo misma por no haber estado más espabilada.

Otra acción individual potente y que a menudo descoloca es reivindicar la propia edad y fase de la vida, tratando de no darle más importancia de la que tiene a un simple número y soltando las amarras que otras personas intentan atar. Estoy pensando en mujeres como la escritora española Anna Freixas o la pintora estadounidense Alice Neel que, en lugar de ocultar su edad, le han mostrado activamente al mundo que llegaron a la vejez, que están orgullosas de ello y que se puede disfrutar de esta etapa tanto o más que de las anteriores. Neel, por ejemplo, en su obra de 1980 titulada *Autorretrato* se representa desnuda a los ochenta años con un pincel en una mano y un trapo en la otra. Esta obra, al fijar nuestra mirada en el cuerpo envejecido de la artista, parece reclamar una mayor visibilidad de esta etapa y cuestionar el estereotipo de que la vejez es un espacio no creativo e improductivo. Freixas, junto con otras personas mayores, está usando el lenguaje como disruptor social, reinventando la palabra «vieja» como término neutro liberado de toda carga negativa. Como hemos visto a lo largo del libro, el lenguaje puede marcar una gran diferencia. A menudo, nuestras expresiones no se limitan a describir una realidad, sino que además la crean y la constituyen activamente. Si dejamos de usar etiquetas etarias innecesarias y nos deshacemos de expresiones y chistes edadistas, como los que vimos en el capítulo 3, podremos evitar que se continúen sembrando sesgos.[116]

Los sesgos prosperan en entornos en los que se perciben como la norma, pero mueren cuando las reglas sociales existentes no los permiten. Es más probable, por tanto, que continúen la discriminación, los prejuicios y los estereotipos si las personas no responden ni los confrontan cuando se manifiestan. Cuando la gente cree que sus sesgos son compartidos por otros, se siente menos motivada para cambiar e incluso sus creencias se pueden fortalecer.[117] Por tanto, si creemos que el edadismo está mal, es importante que lo hagamos saber y que respondamos ante situaciones discriminatorias. Cada vez que cuestionemos una situación de edadismo, estaremos redefiniendo lo que es apropiado e inapropiado y, con ello, estaremos haciendo que los demás dejen de considerar el edadismo como algo normal.

Por ejemplo, podemos cuestionar el porqué de la «coletilla de la edad» que salpica muchas frases, como el «Estás muy bien para tu edad». ¿Uno solo puede estar bien a una determinada edad? Hace poco un taxista en Madrid, frustrado con el coche que iba delante, se preocupó de mirar a su conductor según lo adelantaba para posteriormente añadir: «Joder, el abuelete este». No me pude resistir y contesté: «Si fuese un conductor más joven, ¿le habría importado menos?». A continuación, iniciamos una conversación constructiva acerca del edadismo en la que el propio taxista me acabó contando que un grupo de personas se había reído de su edad recientemente cuando la aplicación de navegación del móvil no le funcionó en una carrera.

Es cierto que enfrentarse a situaciones de edadismo puede resultar incómodo y, en ocasiones, puede dar la impresión de que estamos quejándonos. Sin embargo, confrontar los sesgos es necesario para conseguir que los demás los reduzcan. Además, cuando no confrontamos situaciones que consideramos injustas, a menudo terminamos sintiéndonos culpables de no haber actuado.

Existen cada vez más casos de personas fascinantes que, o han dedicado su vida a luchar contra el edadismo en sus comunidades, o que, en sí mismas, constituyen un desafío a los estereotipos de edad existentes. Si les damos visibilidad, facilitaremos que otros tomen ejemplo o que se sientan inspirados y se sumen al movimiento. Amelia Conway, por ejemplo, es una chica de once años que dirige anuncios, cortometrajes y documentales. Consciente de su pasión por la dirección, persiguió su sueño y, a pesar de su dedicación y talento, pronto se dio de bruces contra el edadismo. Por suerte, no ha desistido en su empeño y continúa trabajando. Ha demostrado que la dirección puede estar abierta a cualquier persona, y que los sueños de una chica de once años no tienen por qué quedarse en sueños. También ha sumado su voz a la lucha contra el edadismo. Como ella misma indica, no quiere ser conocida como una directora joven o una mujer directora, sino como una gran directora.

Otro ejemplo lo tenemos en Guatemala, donde Teresa Magnolia Maldonado, a quien he tenido el placer de conocer en persona, ha impulsado, como defensora de los derechos de las personas mayores, políticas para combatir la discriminación por edad, incluida la aprobación de la Política de Acceso a la Justicia para las Personas Mayores en 2019. O Maggie Kuhn, que fundó el movimiento Gray Panthers (Panteras Grises) en 1970 después de verse obligada a jubilarse solo porque había alcanzado los sesenta y cinco años, entonces edad obligatoria de jubilación en Estados Unidos. El movimiento es conocido por sus esfuerzos para conseguir una reforma de las residencias, así como por su lucha contra el edadismo. Hace unos años también pude conocer a una mujer excepcional que puso en marcha una iniciativa en Malawi cuando tenía alrededor de doce años para conseguir que las personas de su comunidad tuviesen acceso a servicios de salud de calidad. Nadie la tomaba en serio y le dirigían comentarios poniendo en duda su capacidad constantemente. Incluso se daban situaciones en las que alguien le hacía caso por teléfono, pero cambiaba de parecer cuando la conocían en persona y comprobaban su edad. Compartir las historias de estas y otras muchas referentes que existen por todo el mundo es otra gota de agua que podemos añadir.

Cambios más amplios

A veces las gotas de agua son más grandes. Entre 2018 y 2023, hemos conseguido que dieciocho países desarrollen una legislación nacional que prohíba la discriminación por edad, y mecanismos que aseguren su cumplimiento. Esto significa que ya son ciento cinco los estados con leyes para abordar el edadismo en todo el mundo. Estos avances se han conseguido porque las personas se han movilizado y han pedido cambios a sus respectivos gobiernos. Así, los sindicatos en el Reino Unido han protestado contra la existencia de un doble rasero en el salario mínimo nacional para las personas de menos de veinticinco años y aquellas mayores de esta edad, por el cual los más jóvenes pueden recibir un pago inferior a la tarifa completa de adulto, aplicable a los mayores de veinticinco años. Sus esfuerzos llevaron a la decisión del Gobierno de reducir el umbral de la tarifa completa para adultos de veinticinco a veintitrés años en abril de 2021 y a una posterior reducción a los veintiún años en abril de 2024.[118] En Estados Unidos, la jubilación obligatoria a una determinada edad es ilegal desde 1986, excepto en ciertos sectores y ocupaciones que están regulados por ley y que, a menudo, forman parte de organismos públicos (como son el servicio militar o las agencias de policía federal). En España, se han emitido algunas sentencias relacionadas con el edadismo, incluida una de 2020 en la que se condenó a Huawei España a readmitir a un trabajador de cincuenta y ocho años despedido por ser «mayor» y a indemnizarlo con 20.000 euros por vulneración del derecho de no discriminación en el empleo por razón de edad.

Además, en julio de 2022 se aprobó la Ley integral para la igualdad de trato y la no discriminación. Esta ley otorga por primera vez, mayor entidad a la discriminación por edad dentro del ordenamiento jurídico español. Como el nombre indica, es una ley integral, y esto quiere decir que contempla la igualdad de trato y la no discriminación en todos los ámbitos de la vida, incluidos el político, económico, cultural y social. Lamentablemente, no está teniendo la aplicación prevista. Por ejemplo, todavía no se ha creado la Autoridad Independiente que vele por la adecuada implementación de esta norma, algo que debería haber sucedido en los primeros seis meses tras su aprobación. Esto es algo que podemos hacer cumplir si nos movilizamos.

Tras catorce años de protestas y el esfuerzo continuado de múltiples organizaciones y un grupo selecto de países, en el año 2024, los gobiernos por fin reconocieron que una nueva Convención de las Naciones Unidas puede servir para cerrar la brecha existente en la protección de los derechos de las personas mayores.[119] Aún queda mucho trabajo por hacer para conseguir que se elabore, pero esta decisión abre un camino positivo. Una convención puede establecer un marco de derechos, equidad y justicia social que guíe el desarrollo de políticas y leyes a nivel de país. Los efectos positivos de acuerdos ya existentes, como la Convención sobre la Eliminación de todas las Formas de Discriminación contra la Mujer han demostrado el impacto que pueden tener estos esfuerzos.

También podemos generar cambios en nuestras empresas proponiendo que se considere la edad dentro de las estrategias de diversidad, equidad e inclusión, y que se revisen la publicidad y los productos y servicios creados por la empresa para evitar el edadismo. Si no funciona el argumento de que la discriminación por edad está mal y no debería permitirse en el entorno laboral (que espero que no sea el caso), podemos emplear otros muy convincentes desde el punto de vista económico. Las empresas que permiten el edadismo salen perdiendo. Así, aquellas que tienen una proporción de trabajadores de cincuenta años o más un 10 por ciento mayor que la empresa promedio son un 1,1 por ciento más productivas.[120] Sin embargo, tan solo el 6 por ciento de las empresas de treinta y seis países utilizan procesos de reclutamiento no sesgados (por ejemplo, el uso de currículums ciegos), y poco más de la mitad incluye la característica de la edad en sus políticas de diversidad, equidad e inclusión. En España, apenas el 30 por ciento de las empresas tienen un plan específico para atraer y retener empleados mayores, mientras que en Francia las empresas empiezan a ponerse las pilas. En 2023, los directores (y directoras) ejecutivos de cuarenta y siete empresas líderes del país firmaron una carta de compromiso y acordaron una serie de objetivos para potenciar el talento de personas de cincuenta años o más en sus empresas.

Mediante nuestras elecciones también es posible influir. Podemos optar por ver películas y series protagonizadas por personas mayores que presentan un desarrollo complejo de sus personajes. O elegir revistas que no utilicen un lenguaje o una mirada edadistas. Estas elecciones tienen repercusiones: las grandes marcas empiezan a desarrollar publicidad y productos más inclusivos y cada vez son más las publicaciones que eligen a mujeres mayores para las portadas.

A veces los cambios germinan dentro de los propios medios. Por ejemplo, la revista *Allure* decidió en 2017 que dejaría de usar el término «antienvejecimiento» en sus páginas. Como explicó la editora Michelle Lee, este concepto «reforzaba sutilmente el mensaje de que el envejecimiento es un estado que debemos combatir». A su vez, Dove se movilizó rápidamente en Canadá en 2022 cuando el edadismo y el sexismo se convirtieron en noticia nacional con el despido de la reconocida periodista televisiva Lisa LaFlamme, por negarse a teñir su pelo gris. Esta marca dijo «basta» mediante una campaña en redes sociales con el hashtag #KeepTheGrey y cambiando el color de su icónico logotipo del dorado al gris. Cambios como estos señalan una transformación en la industria que busca reconocer el envejecimiento, en lugar de esconderlo.

Otras veces las iniciativas son impulsadas por organizaciones o colectivos. En 2022, más de cien actores y figuras públicas británicas firmaron una carta abierta pidiendo el fin de la discriminación por edad «arraigada» en la industria del entretenimiento hacia las mujeres mayores de cuarenta y cinco años. Por otro lado, el Centro de Investigación Pew, consciente de que las etiquetas perpetúan sesgos y fomentan el conflicto generacional, decidió dejar de utilizar etiquetas generacionales en su trabajo e invita a periodistas e investigadores a sopesar cuidadosamente su uso. A su vez, la Sociedad Gerontológica de América y la Universidad de Columbia han creado, cada una por su cuenta, programas para formar a periodistas contra el edadismo y ofrecen becas cada año con el objetivo de crear una masa crítica de profesionales que presenten las noticias sin perpetuar los sesgos por edad.[121]

En Estados Unidos, una colaboración entre AARP y Getty Images lanzó la colección de imágenes «Disrupt Aging» con el fin de crear un banco de fotografías no estereotipado y más representativo de la población mayor. En el Reino Unido, el Centre for Ageing Better ha fundado una biblioteca de imágenes gratuitas para que las personas puedan acceder a fotografías que no caricaturicen la vejez o la estereotipen como un periodo definido exclusivamente por la fragilidad y la dependencia. En España, la Consejería de Derechos Sociales y Bienestar del Principado de Asturias ha creado un banco de imágenes llamado CuidAs con el objeto de contribuir a una nueva mirada al envejecimiento, la discapacidad y el cuidado de larga duración.[122] Por otro lado, festivales de cine como el SilverFilm Festival de Bilbao aspiran a generar y visibilizar un nuevo discurso del envejecimiento. También se han impulsado múltiples iniciativas en España y en otros países para sensibilizar acerca del edadismo y desmontar estereotipos existentes sobre las personas jóvenes y mayores. Por ejemplo, la Fundación Grandes Amigos, junto con Matia Fundazioa, HelpAge España y la Fundación Pilares y Envejecimiento en Red, organizan cada año la campaña #SoyMayorSoyComoTú y el pódcast «Cuenta conmigo» para recordar que nuestra dignidad y nuestros derechos no disminuyen con el paso de los años y que la edad no puede medir el valor de ninguna vida. A su vez, Mayores UDP lanzó la campaña «DeletEdadismo, la edad es solo un número» con el fin de cuestionar afirmaciones como que «cada cosa tiene una edad», una creencia que a menudo conlleva prejuicios y discriminación. Asimismo, FAD presentó la campaña «The Real

Young» para desmontar diferentes estereotipos que condicionan la mirada adulta sobre los jóvenes y que, en cierta medida, obstaculizan su desarrollo. Fuera de España, también existen iniciativas de sensibilización como «#OlderNotOver» de HelpAge International, «Age Without Limits» en el Reino Unido, «Changing The Narrative» en Estados Unidos, o «Break the Silver Ceiling» en Singapur.

En países como Francia, España y Estados Unidos se han creado observatorios del edadismo para identificar y visibilizar la discriminación por edad que sufren millones de personas a diario.[123] En Galicia existe la primera cátedra de edadismo, una iniciativa pionera en España cuyo objetivo es cambiar el discurso acerca del envejecimiento. A su vez, la psicóloga y reconocida investigadora en edadismo Liat Ayalon, impulsó en 2018 el programa de doctorado multidisciplinar EuroAgeism, con el que tratamos de avanzar en la investigación sobre el edadismo mediante quince proyectos diferentes. El crecimiento exponencial de búsquedas en internet de la palabra «edadismo» en español y de artículos sobre este tema en diversos idiomas es señal de que todos estos esfuerzos empiezan a transformar la superficie de agua que es nuestra sociedad.

Hay también movimientos en pleno auge en muchos países, pero necesitamos que avancen en España y en Hispanoamérica, donde todavía son incipientes o inexistentes. Por ejemplo, se está consolidando el 7 de octubre como el Día de la Concienciación sobre el Edadismo, gracias al impulso inicial de una campaña australiana y el apoyo de múltiples organizaciones de dentro y fuera de este país.[124] ¿Por qué no lo adoptamos en España y llenamos las calles para reivindicar la equidad y la no discriminación por edad?

El agente de cambio que puede llevar a la creación de un mundo para todas las edades serán las personas. Serás tú. Ningún cambio social tiene lugar de la noche a la mañana; precisa transformaciones en las normas, valores, comportamientos individuales e instituciones sociales. Pero estas surgen gracias a las acciones individuales. Cada pequeña acción suma y contribuye a un movimiento más amplio, generando esa reacción en cadena y subsiguiente transformación irreversible en las aguas de un lago tranquilo.

Conclusión

Percibir las diferencias es algo que los humanos hacemos de forma natural; nuestra vista nos permite distinguir la edad de las personas. El problema no está ahí, sino que surge cuando utilizamos la edad para determinar quiénes son, qué deberían hacer o a qué deberían tener acceso esas personas. El edadismo impregna la sociedad de manera tanto sutil como evidente, pero siempre profunda. Afecta a individuos de todas las edades, pero sobre todo a los más jóvenes y mayores. Socava la dignidad, limita injustamente las oportunidades, daña la salud y el bienestar y perpetúa estereotipos que obstaculizan la cohesión social. El edadismo se aprende. Desde que somos pequeños adquirimos sesgos que se van reforzando a lo largo de nuestra vida.

El edadismo es un camino tan trillado y aceptado que transitamos por él sin percibir que quizá no es la ruta que queremos seguir. Lo que he pretendido con este libro ha sido suscitar una reflexión acerca de este camino tan manido y darte herramientas para que consigas distinguirlo y, a partir de ahí, decidir si permaneces en él o si coges una ruta alternativa. Si identificamos el edadismo en nuestro entorno y lo reconocemos como un problema social, podemos luchar colectivamente por el cambio.

Combatir el edadismo implica modificar la mente, el corazón y el comportamiento de las personas, así como transformar las instituciones y la cultura que dan forma a nuestra sociedad. En última instancia, el motor del cambio reside en ti y en mí; reside en cada individuo. Las personas crean instituciones y cultura que, a su vez, influyen en los pensamientos, emociones y actos de la gente. Cada uno de nosotros puede poner su grano de arena para construir una sociedad donde las personas de todas las edades prosperen y sean valoradas por sus perspectivas y aportaciones únicas, en vez de limitadas y encasilladas por su edad. El engranaje ya está en marcha. Solo es cuestión de que, entre todos, digamos basta al edadismo.

El camino pasa por identificar y desmontar los bulos que encontramos en nuestro entorno y por fomentar el conocimiento acerca de este fenómeno para evitar caer en sesgos. Otros pasos cruciales que podemos dar son estrechar lazos con personas de todas las edades, movilizarnos y emprender acciones individuales. Asumamos este desafío con optimismo, sabiendo que juntos podemos crear un mundo para todas las edades.

Siete herramientas para detectar el edadismo y enfrentarse a él

Herramientas de detección

1. Las gafas

2. La prueba del pelirrojo

3. La escalera del tiempo

Herramientas de acción

4. El cazamitos

5. La despensa cerebral

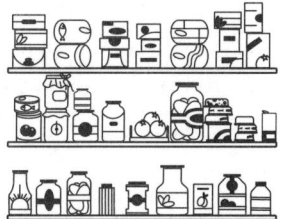

6. Las agujas de ganchillo

7. La gota de agua

Agradecimientos

Hace unos años, en un discurso que di en el auditorio del CaixaForum de Madrid, argumentaba que el síndrome del impostor quizá no es tanto un síndrome como el reflejo de una realidad: somos seres interdependientes y nuestros méritos no son únicamente nuestros. Así, este libro no es solo el resultado de un esfuerzo individual, sino también fruto del apoyo de muchas personas a las que me gustaría dar las gracias.

En primer lugar, a los cientos de personas que han confiado en mí compartiendo sus experiencias de edadismo. A lo largo de estas páginas he incluido algunos de estos testimonios bajo pseudónimo para visibilizar la presencia de este fenómeno en diferentes países y facetas de nuestras vidas. Sin vuestras historias, este libro no tendría alma. Quiero extender mi agradecimiento a los muchos profesionales con los que he tenido el orgullo de investigar el edadismo y que me han apoyado cuando tan solo contaba con un boceto de lo que estaba por venir: Liat, Becca, Karl, David y Sibila. También a la OMS y a John y Alana por ofrecerme la oportunidad de impulsar este movimiento contra el edadismo a nivel mundial, así como a todas las personas que, como Ashton, Fandi, Jane, Sheila y Thuy, luchan conmigo cada día para desafiar el *statu quo* a nivel local.

He tenido la inmensa suerte de contar con dos mentores que apostaron por mí incondicionalmente en un momento en el que mi futuro estaba por definir: Eduard y Albert. De no haber sido por vosotros no hubiese acabado donde estoy. Mi presente también sería muy diferente si no hubiese recibido una beca de la Fundación «la Caixa» que me permitió salir del sendero predefinido de la medicina y aventurarme en el fascinante mundo de la salud global. Asimismo, agradezco el impulso —y el estímulo— de todas las profesoras que he tenido desde primaria hasta secundaria, pero especialmente el de Ms. Kocaguney, que me hizo apuntar a las estrellas desde los doce años.

Espero que en algún momento podamos traducir esta obra al inglés y que mi «familia adoptiva» en Estados Unidos y amigos de fuera puedan leerlo. También deseo que este libro les guste a Lola y a Benito y a los muchos amigos y amigas que me han acompañado —desde cerca y desde lejos— todos estos años. Gracias, Paloma, por tu apoyo; a ti, Arturo, por tu ojo crítico con el diseño; y a vosotros, Dani, Diego, Ed, Inés, Joaquín, Marisol y Leo, por estar siempre ahí.

Tengo tres hermanos, y aunque solo mi hermana se ha colado entre estas páginas, cada uno de ellos ha influido de una manera o de otra en quien soy hoy. No habremos conseguido montar nuestra propia nave de pequeños, pero hemos construido infinidad de historias juntos.

Mi pasión por la lectura es «culpa» de mi madre, quien

además me alentó a escribir desde niña. Nunca olvidaré esos comienzos con aquel poemario expuesto en mi librería favorita de Vancouver. Gracias. Mi padre me enseñó a estructurar las ideas y a tener paciencia en la escritura, leyendo, releyendo y editando tantas veces como sea necesario. Ojalá pudieses leer este libro y ver reflejados tus consejos.

Desde luego, nunca habría podido acabar esta obra sin las horas robadas a mis tres mosqueteros: Risky, Nilo y Marcos. Risky, mi compañero de oficina, que ha estado pacientemente a mi lado desde el primer esquema hasta la escritura de la última página. Nilo, mi pequeña ratita, que se ha sentado muchas veces conmigo a teclear y me ha ayudado a plantearme cómo cambiar las cosas desde el principio. Y Marcos, mi pareja de hecho, que con hechos me muestra cada día que somos compañeros de vida. Mi principal agradecimiento es para ti. Por todo.

Por último, me gustaría agradecerte a ti, lector(a), haber escogido este libro y haber llegado hasta el final. Espero que te haya motivado para crear conmigo un mundo para todas las edades.

Notas

Introducción

1. Para más información, véanse *La Vanguardia* (2023), Wiessner (2023) y Morgan (2021).
2. Por ejemplo, véase Donnella (2024).
3. Véase Maishman (2022).
4. Definición de «edadismo» de la RAE: «m. Discriminación por razón de edad, especialmente de las personas mayores o ancianas». Las academias gallega (*idadismo*) y catalana (*edatisme*) también han incorporado el término a finales de 2022 y de 2023, respectivamente.

1. Qué es el edadismo

5. Un dato curioso es que la palabra «estereotipo» proviene de la conjunción de dos palabras griegas: *stereos*, que significa «sólido», y *typos*, que significa «carácter» o «modelo». El significado inicial del término se refería a una placa de metal utilizada para imprimir páginas (sí, aunque hoy suene raro, en el pasado se hablaba de verdaderas «máquinas de estereotipar», que no eran otra cosa que máquinas de impresión). En 1922, Walter Lippmann utilizó por primera vez el término «estereotipo» para referirse a

la imagen típica que nos viene a la mente cuando pensamos en un grupo social particular.

6. La formalización de la adolescencia como una etapa distinta del desarrollo humano no surge hasta principios del siglo XX. Antes, las sociedades generalmente reconocían la niñez y la edad adulta como las etapas primarias del desarrollo humano, con menos énfasis en el periodo de transición entre ellas. En la época victoriana, por ejemplo, una niña que había sangrado se convertía instantáneamente en «una mujer». El surgimiento de la adolescencia como etapa a menudo se asocia con el trabajo del psicólogo G. Stanley Hall, que estudió las características y los desafíos únicos de la etapa entre la niñez y la edad adulta. La industrialización, la urbanización, las leyes sobre el trabajo infantil y la progresiva instauración de la educación obligatoria fueron algunos de los factores que contribuyeron al surgimiento de la adolescencia como una etapa de la vida distinta e importante del desarrollo humano. El concepto de adolescencia ganó mayor reconocimiento y aceptación a medida que investigadores y teóricos ampliaron las ideas de Hall y realizaron estudios empíricos para explorar las dimensiones cognitivas, emocionales y sociales de esta etapa del desarrollo.

Por otro lado, el reconocimiento de la vejez como etapa vital distintiva se afianzó con el desarrollo de la geriatría (rama de la medicina que aborda específicamente las necesidades de atención médica de las personas mayores y los desafíos asociados al envejecimiento) y la gerontología (el estudio multidisciplinario del proceso de envejecimiento, incluidos sus aspectos biológicos, psicológicos y sociales), también en el siglo XX. El origen de la geriatría como especialidad médica se remonta a principios del siglo pasado. El término «geriatría» fue acuñado en 1909 por el médico Ignatz Leo Nascher, quien abogó por el establecimiento de la medicina geriátrica como una especialidad médica distinta. A su vez, la palabra «gerontología» fue introducida en 1903 por el premio Nobel Iliá Ilich Méchnikov. Aunque la palabra gerontología es de origen relativamente reciente, hubo muchos autores que, antes de que se reconociese este campo de estudio específico, analizaron por qué cambiaba la apariencia y la función del organismo humano. También contribuyó al establecimiento de esta etapa la legislación social de Bismarck que estableció en la década de 1880 el primer sistema de pensiones en Alemania.

7. Según un estudio de la Universidad de Washington, la esperanza de vida de los españoles se situaría en 85,8 años para 2040, superando a Japón en la clasificación mundial de esperanza de vida para ese año. Foreman *et al.* (2018).

8. Michel Poulain y Gianni Pesse, un astrofísico y un gerontólogo, acuñaron el concepto «zonas azules» para referirse a las regiones del mundo donde las personas viven más que el promedio. Tal nombre surgió porque, al marcar en el mapa del mundo los lugares con la población más longeva, utilizaron un bolígrafo azul. En estos lugares, las personas superan en decenios la esperanza de vida media a nivel mundial. Además, las enfermedades asociadas a edades avanzadas, como la demencia o el cáncer, son menos frecuentes. Ejemplos de zonas azules son la prefectura de Okinawa, Japón; la provincia de Nuoro, Cerdeña, Italia; la península de Nicoya, Costa Rica; Loma Linda, California; e Icaria, Grecia. Queda por ver si Terra de Celanova, en Galicia, entra en el ranking. Encontrarás más información sobre las zonas azules en Buettner (2016).

9. Si quieres saber más, consulta los siguientes estudios: Abrams *et al.* (2011) y Ayalon (2014).

10. Debido a que los estereotipos y los prejuicios a menudo

operan fuera de nuestra conciencia, y a que las personas frecuentemente no están dispuestas a reconocer que los tienen, los psicólogos sociales han desarrollado métodos para evaluarlos indirectamente. Uno de ellos es la prueba de asociación implícita o IAT.

Los procedimientos de asociación implícita como el IAT muestran que incluso los participantes que afirman no tener prejuicios parecen tener estereotipos implícitos sobre los grupos sociales. Puedes poner a prueba tus propias actitudes acerca de la edad en la página <https://implicit.harvard.edu/implicit/takeatest.html>, pero ten en cuenta que el IAT no predice bien sesgos individuales basándose en una sola prueba y tampoco sirve para predecir comportamientos. Se requiere un conjunto de pruebas para poder sacar conclusiones sustanciales. Además, existe bastante controversia acerca de su validez, tal y como se recoge en esta compilación de artículos críticos con el IAT: Jussim, Thulin, Fish y Wright (2020), <https://osf.io/74whk/>.

2. De dónde sale el edadismo

11. La activación y aplicación de categorías economiza aspectos del procesamiento de la información, como la codificación de elementos o la asignación de recursos, y nos ayuda a aprender, recordar e integrar nueva información. Para más información véase por ejemplo, Cloutier *et al.* (2005).

12. En su libro *Moral Tribes* (2013), Joshua Greene, científico y director del Laboratorio de Cognición Moral de la Universidad de Harvard, explora cómo evolucionó el cerebro para la vida tribal y de qué manera se desarrolló la moralidad para facilitar esta vida en comunidad. Sostiene que el instinto moral está arraigado en el tribal, que fue moldeados por la necesidad

de cooperar dentro del grupo mientras se competía contra extraños. Según Greene, esta mentalidad tribal influye en nuestros juicios morales y contribuye a los conflictos en la sociedad moderna cuando diferentes grupos chocan a causa de valores y creencias.

13. Dos teorías interrelacionadas, desarrolladas por Tajfel y Turner, ofrecen información sobre cómo se perciben los individuos a sí mismos y a los demás dentro de los grupos sociales. En primer lugar, la teoría de la identidad social propone que los individuos derivan parte de su concepto de sí mismos de su pertenencia a grupos sociales. Las personas se clasifican a sí mismas y a los demás en grupos propios y grupos ajenos, y se esfuerzan por mantener una identidad social positiva mejorando el estatus de su propio grupo en relación a otros, lo que lleva a un favoritismo hacia el propio grupo y un posible menosprecio de los demás. Esta teoría ha ayudado a explicar los conflictos intergrupales, la discriminación y la formación de identidades grupales. Por otro lado, la teoría de la autocategorización indica que los individuos se categorizan a sí mismos en diferentes niveles de abstracción, desde la identidad personal hasta la identidad social y una identidad superior. Esta teoría proporciona información sobre cómo influye la pertenencia a un grupo en el comportamiento y las relaciones intergrupales.

14. Esta distorsión te puede sonar extraña, pero, si lo piensas, no es tan rara. Sentimos mayor familiaridad con los miembros de nuestro grupo, ya que, al menos en parte, consideramos que nos define a nosotros. Además, todos queremos sentirnos bien con nosotros mismos, y ver a nuestro grupo de manera positiva nos ayuda a lograrlo. Esto, por supuesto, se hace más difícil si nuestro grupo no goza de alto estatus en la sociedad, lo que explica, en cierto modo, que los miembros de grupos de bajo estatus puedan

llegar a mostrar menos favoritismo hacia su grupo que los de grupos de alto estatus y que incluso muestren favoritismo hacia otros grupos de mayor estatus.

15. Aunque pueda parecer sorprendente, hay investigaciones que indican que mostramos favoritismo hacia nuestro grupo incluso cuando se ha creado recientemente y nos han asignado a él de manera arbitraria. Estos estudios han empleado el llamado paradigma del grupo mínimo, método experimental utilizado en psicología social para estudiar las bases del comportamiento grupal y los sesgos intergrupales, y que consiste en crear grupos basados en criterios arbitrarios, aleatorios o triviales como lanzar una moneda, el color favorito de una persona o tirar un dado. Estos grupos no tienen significado ni historia real, y los participantes no interactúan ni se conocen de antemano; sin embargo, a pesar de esta base mínima para la agrupación, los participantes suelen mostrar favoritismo hacia su grupo. Véase, por ejemplo, Tajfel *et al.* (1971) u Otten y Moskowitz (2000).

16. Para más información acerca de este estudio, véase Rhodes *et al.* (2018). Se han encontrado hallazgos similares en otros grupos de edad, incluidos adultos y niños de cuatro años. Véase, por ejemplo, Rhodes, Leslie y Tworek (2012).

17. En un estudio realizado en Estados Unidos, veintidós niños de doce años fueron asignados aleatoriamente a dos grupos. Cuando los grupos participaron en una serie de actividades competitivas (juegos de tira y afloja, béisbol y fútbol americano), rápidamente se desarrollaron prejuicios y conflictos intergrupales. Los niños intercambiaban insultos verbales de forma regular con los miembros del otro grupo (por ejemplo, «apestosos», «cerdos», «vagos» y «tramposos»), y llevaban a cabo redadas en sus cabañas que dieron lugar a la destrucción y el robo de propiedades. Para saber más, consulta los estudios originales: Sherif (1954 y 1961).

3. Eres edadista

18. Véase Abrams *et al.* (2011).

19. La renta per cápita y la proporción de hogares unipersonales están fuertemente correlacionados. Las personas que pueden permitírselo a menudo eligen vivir solas. Pero hay factores más allá del poder adquisitivo que influyen en estos patrones de vivienda, tal y como muestran las diferencias entre regiones. En particular, los países asiáticos tienen sistemáticamente menos hogares unipersonales que los países africanos con niveles de PIB comparables. Ghana y Pakistán, por ejemplo, poseen un PIB per cápita similar, pero en Pakistán los hogares unipersonales son poco frecuentes, mientras que en Ghana son comunes, lo que indica que la cultura y otros factores contextuales también desempeñan un papel importante. En el siguiente recurso en línea, puedes ver la evolución de los hogares unipersonales en diferentes países del mundo y otros detalles: Ortiz-Espina (2020). Para saber más acerca de los datos relativos a España, véase INE (2022) y para saber más acerca de los relativos a Europa, véase Eurostat (2018).

20. El concepto de microagresión fue acuñado por el psiquiatra Chester M. Pierce en la década de 1970. Inicialmente utilizó el término para describir los insultos sutiles y las invalidaciones que afrontan diariamente los afroamericanos. Con el tiempo, el concepto se ha ampliado para abarcar diversas agresiones cotidianas o comportamientos despectivos o negativos dirigidos hacia grupos marginados o desfavorecidos.

21. En el año 2017, el ayuntamiento de Zamora empleó una serie de «chistes» machistas en una campaña contra la violencia de género para sensibilizar a la población sobre que la violencia hacia las mujeres no es una broma. La campaña se desarrolló mediante

soportes publicitarios situados en espacios públicos en los que se exhibieron grandes carteles con tres modelos de «chiste»: «¿En qué se parecen las mujeres a las baldosas? En que las dos se pisan»; «¿Qué hace una mujer fuera de la cocina? Turismo» y, por último, «¿En qué se parecen las mujeres a las pelotas de frontón? En que cuanto más fuerte les pegas, antes vuelven». Dicha campaña se consideró ofensiva e innecesaria y generó mucha polémica a nivel local y nacional.

22. Encontrarás más refranes populares edadistas en la recopilación realizada por Fernández Poncela (s.f.) para la Biblioteca Virtual Miguel de Cervantes.

23. Véase Lin y Walden (2023).

24. En contraposición a la imagen de persona mayor que retratan cuentos y películas, la psicóloga norteamericana Laura L. Carstensen ha demostrado con sus estudios que las personas mayores priorizan las emociones positivas antes que las negativas. Esto sucede porque, al darnos cuenta de que el tiempo es finito, nuestro cerebro se adapta y hace que le demos más importancia a las cosas que nos producen satisfacción y una emoción positiva inmediata. Véase, Carstensen *et al.* (2011).

4. Sufres edadismo

25. Véase Abrams *et al.* (2011). Un estudio más reciente muestra que una de cada dos personas considera que el edadismo contra las personas mayores está extendido en España. Para más información sobre este otro estudio, véase Rychtaříková (2019).

26. Para saber más sobre esta estimación, véase European Court of Auditors (2024). Otro estudio ha mostrado que el 78 por ciento de los jóvenes europeos realizó unas prácticas en el año 2023.

En España este porcentaje ascendía al 82 por ciento. Para más información sobre ello, véase European Commission (2023).

27. Véase De la Fuente (2024).

28. Véase Centro Latinoamericano de Políticas Económicas y Sociales (2023).

29. Véase De la Rica, Quesada y Martínez de Lafuente (2023).

30. Véase European Commission (2015).

31. Véase Fundación Mapfre (2023b).

32. En inglés existe el concepto *gendered ageism* para describir la intersección entre estas dos formas de sesgo, marcadas por el género y la edad. El término fue introducido por Itzin y Phillipson en un estudio sobre las barreras de edad en el trabajo publicado en 1994.

33. Véase Women of Influence+ (2024).

34. Véase UDP (2019).

35. Véase Gewirtz-Meydan y Ayalon (2017).

36. Véase Linden y Kurtz (2009).

37. Véase Volkert *et al.* (2018).

38. Véase, por ejemplo, Uncapher y Areán (2020).

39. En América del Norte y Australasia, las tasas de incidencia de infecciones de transmisión sexual estandarizadas por edad han aumentado entre 1990 y 2019. En Estados Unidos, por ejemplo, las tasas de clamidia, gonorrea y sífilis entre personas mayores de cincuenta y cinco años se han más que duplicado en los últimos diez años.

En relación al VIH, un estudio publicado en *The Lancet* mostró que si bien la incidencia mundial del virus en la población mayor disminuyó entre 1990 y 2019, se produjeron aumentos significativos en muchas regiones, particularmente en Europa oriental, Asia Central y Asia Pacífico. Para más información, véanse, por ejemplo, CDC (2019) y Fu *et al.* (2024).

40. Véase, por ejemplo, Fowler *et al.* (2007).

41. Existen múltiples noticias al respecto, incluidos dos reportajes llevados a cabo en España por Amnistía Internacional y Médicos sin Fronteras en el año 2020.

42. Por suerte, no todos los países aplicaron este tipo de racionamiento por edad. Algunas directrices emitidas no mencionaban la edad. Este es el caso, por ejemplo, de las guías desarrolladas por NICE en el Reino Unido. En otros lugares, las directrices iban específicamente en contra del racionamiento basado en la edad, como las emitidas por la Academia Alemana de Ética en Medicina.

43. Véase Miller (2020).

44. Para una revisión acerca de la situación de la geriatría en España, véase Ribera Casado (2020). El crecimiento en el número de plazas MIR para geriatría y de vacantes para la especialidad de enfermería geriátrica en el periodo de 2014 a 2024 aparece recogido en el artículo de Gamarra (2024). Se señala, por ejemplo, que la enfermería geriátrica es la especialidad de toda la Formación Sanitaria Especializada (FSE) que más ha crecido en los últimos diez años, habiendo ascendido el número de vacantes de 11 en el año 2014 a 85 en 2024.

45. Véase Spongberg-Ross (2022).

46. Véase De la Fuente-Núñez *et al.* (2021).

47. Véase European Youth Forum (2022).

48. Véase Castro, M. (2024).

49. Véase Gangutia Fernández y López Zamora (2024).

50. Véase Alcalde (2022).

51. Véase Azoulay, Jones, Kim y Miranda (2020).

52. Véase Eurostat (2021).

53. Véase Geena Davis Institute on Gender in Media y Next 50 (2023) y Geena Davis Institute on Gender in Media, USC Viterbi y Tena (2020).

54. Véase Nielsen (2021).
55. Véase CAC (2013).
56. Véase Ross, Boyle, Carter y Ging (2018).
57. Véase Bravo-Segal y Villar (2020).
58. Para más información acerca de la industria cosmética y su relación con el edadismo, puedes leer los siguientes artículos y noticias: Fundación Mapfre (2023), Ríos (2024), y Vázquez (2024).
59. Para más información acerca de la representación de las personas mayores en la publicidad, véanse AARP (2024) para Estados Unidos, o los siguientes informes acerca de la situación en España: Señora Rushmore (s. f.), y Ramos-Soler y Carretón Ballester (2021).
60. Véase Kingman (2016).
61. Las residencias para personas mayores son una evolución de los asilos que se establecieron a lo largo del siglo XIX. En España, las residencias para personas mayores tal como las conocemos hoy, surgieron a finales de los años setenta cuando se empezó a concebir la atención a las personas mayores dentro del sistema público. El ideal que surge en este momento, promovido sobre todo por un sector privado que ve en las residencias una atractiva oportunidad de mercado sin explotar, es el de un hotel. Dicho ideal se promueve en contraposición con la imagen de los antiguos asilos que estaban orientados sobre todo a personas mayores indigentes y que, en muchos casos, estaban gestionados por entidades religiosas. Solo en España, donde hay más de 5.000 residencias para personas mayores (con casi 400.000 plazas), la industria genera 4.500 millones de euros al año. Véanse, por ejemplo, IMSERSO (2024) o PWC (2020).

5. Te transformas en estereotipo

62. En los más de veinte años transcurridos desde que se habló por primera vez de la amenaza de los estereotipos, se han puesto a prueba, mediante cientos de estudios, los efectos de una amplia gama de estereotipos relacionados con diferentes grupos. Por ejemplo, la falta de habilidad de las mujeres en matemáticas y ciencias: Flore y Wicherts (2015); el bajo rendimiento de los afroamericanos en pruebas estandarizadas: Steele (1997); o la inferioridad atlética de los hombres blancos: Stone (2022). En cada caso, la amenaza de confirmar el estereotipo socava el desempeño de individuos estigmatizados. Existen ya múltiples metaanálisis que han examinado en detalle la amenaza del estereotipo revisando toda la evidencia existente, incluido uno que se ha centrado en la amenaza de estereotipos basados en la edad (Lamont, Swift y Abrams [2015]).

63. Véase Barber (2020).

64. Es probable que, ante la amenaza de los estereotipos, estos procesos afectivos, motivacionales y cognitivos interactúen y afecten conjuntamente a la forma de desempeñar las tareas.

6. Como individuos

65. El discurso original en inglés decía: «... *and finally, do not age. Because to age is a sin. You will be criticized and vilified and definitely not played on the radio*». Se puede ver el discurso completo en Billboard (2016).

66. En este estudio se hizo un seguimiento de cientos de residentes mayores de cincuenta años en el estado de Ohio durante dos decenios. Para más información, véase Levy *et al.* (2022).

67. Véase Schroyen *et al.* (2020).

68. Un estudio hizo un seguimiento de casi cuatrocientos participantes durante cuarenta años y halló que tenían el doble de riesgo de padecer una afección cardiovascular (y más prematura) si, a edades tempranas, habían tenido estereotipos negativos sobre el envejecimiento. Para más información, véase Levy, Zonderman, Slade y Ferrucci (2009).

69. Véanse, por ejemplo, Tovel, Carmel y Raveis (2019) o Sargent-Cox, Anstey y Luszcz (2012).

70. Véase Levy, Slade y Gill (2016).

71. Véase Ayalon (2016).

72. Véase, por ejemplo, Robertson *et al.* (2016).

73. Para más información, véase Levy, Ferruci, Zonderman *et al.* (2016).

74. Véase, por ejemplo, Liu *et al.* (2022).

7. Como sociedad

75. Esta noticia fue publicada por Plaza en *El Periódico de España*, en noviembre de 2021, pero se ven todos los días noticias similares.

76. Fue el demógrafo Philip Longman quien, en octubre de 2010, habló por primera vez acerca del «tsunami gris» (2010).

77. Para más información, véase Ipsos MORI (2019).

78. Traducción propia del titular original en inglés, «Boomers Bought Up the Big Homes. Now They're Not Budging». Puedes acceder a la noticia original en Ensign y Wolfe (2024).

79. Traducción propia del titular original en inglés, «Aging in Place, or Stuck in Place?». Puedes acceder a la noticia original en Span (2024).

80. Para más información acerca de este estudio, veáse *The Economist Intelligence Unit* (2020).

81. Para más información, véase Wilson (2006).
82. Véase Levy, Slade, Chang *et al.* (2020).

8. Que no te cuenten milongas

83. Véanse, por ejemplo, Blanchflower (2021) y Blanchflower *et al.* (2008).
84. Para más información, véase Leal-López *et al.* (2021).
85. Para más información, véase Cook (2011).
86. Para más información acerca de este estudio, véase Oxford Economics y Universidad de Salamanca (2021). En Estados Unidos se ha calculado que el grupo de edad de más de cincuenta años aporta 8,3 billones de dólares a la economía cada año, o el 40 por ciento del PIB estadounidense. Para más información sobre Estados Unidos, veáse *The Economist Intelligence Unit* (2020).

9. Aprende más y comparte tu conocimiento

87. Kruger y Dunning (1999) observaron que las personas que obtenían las peores puntuaciones en pruebas de razonamiento lógico, gramática y habilidades sociales sobrevaloraban enormemente su rendimiento y capacidad en dichas pruebas. Desde entonces, se han encontrado hallazgos similares en una amplia gama de áreas del conocimiento.
88. Para más información, véase European Social Survey (2020).
89. Véase Gaertner y Dovidio (2000).
90. Para más información, véase Ipsos MORI (2019).
91. Para acceder a la calculadora del Reino Unido, véase: <https://www.ons.gov.uk/peoplepopulationandcommunity/healt

handsocialcare/healthandlifeexpectancies/articles/whatismylifeex pectancyandhowmightitchange/2017-12-01>.

Existe otra calculadora de la BBC que nos indica nuestra esperanza de vida y cuánto tiempo de vida saludable tenemos por delante según nuestra edad actual, país y género: <https://www.bbc.com/mundo/noticias-44124466>.

Existe una diferencia importante entre ambas calculadoras: su forma de estimar cuánto tiempo se espera que vivan las personas. La esperanza de vida se calcula siempre utilizando las tasas de supervivencia, que son las probabilidades de sobrevivir cada año, pero se pueden emplear métodos diferentes. Mientras que la primera calculadora hace estimaciones según lo que se denomina «esperanza de vida por periodo», la segunda las hace en función de «la esperanza de vida por cohorte». La primera utiliza las tasas de mortalidad de un año específico para estimar cuánto tiempo vivirán las personas. Es una instantánea, que supone que las personas experimentarán las tasas actuales de muerte en cada edad a lo largo de sus vidas. Realizar el cálculo de esta manera es más fácil, pero puede subestimar la esperanza de vida porque no tiene en cuenta las mejoras futuras en las tasas de mortalidad. Por otro lado, la esperanza de vida de cohorte realiza un seguimiento de un grupo específico de personas (una cohorte) desde el nacimiento hasta la muerte, teniendo en cuenta los cambios en las tasas de mortalidad a lo largo del tiempo a medida que envejecen. Esta medición es más difícil de calcular porque requiere una recolección de datos a largo plazo, pero a la vez es más dinámica y precisa, ya que refleja experiencias de la vida real y futuras mejoras en la atención sanitaria.

92. Para más información, véase Ipsos MORI (2019).

93. Nuestra propia edad es el factor que más determina nuestra definición de persona mayor; cuanto más mayores somos, más

probabilidades tenemos de definir a una persona mayor como alguien mayor que nosotros mismos.

94. Peter Wason llevó a cabo en 1960 una serie de experimentos en los que demostró que las personas están predispuestas a confirmar sus creencias. Su investigación puso de manifiesto que la mayoría de las personas no proceden de manera óptima para demostrar hipótesis. En lugar de intentar refutarlas la gente tiende a intentar confirmarlas. Para más información acerca de estos experimentos, véase Wason (1960).

95. Por ejemplo, un estudio con una muestra pequeña puso de manifiesto que los individuos expuestos a modelos de personas mayores reconocidas, como Albert Einstein o Teresa de Calcuta, tenían menos sesgos implícitos y automáticos hacia las personas mayores (Dasgupta y Greenwald [2001]). Estudios similares relacionados con los sesgos de género, por ejemplo, han dado lugar a resultados similares. Véase Blair, Ma y Lenton (2001).

96. Por ejemplo, véase Kawakami *et al.* (2000).

97. Estudios como los realizados por Shimizu (2023) y Shimizu *et al.* (2022) han constatado que el edadismo disminuye entre las personas que averiguan que sus sesgos actuales pueden afectar negativamente a su futuro. Por otro lado, estudios relacionados con otros sesgos, como el de Johns *et al.* (2015), han mostrado que conocer la existencia de la amenaza del estereotipo puede ayudar a mitigar su efecto en nuestro comportamiento.

98. Véanse, por ejemplo, los estudios de Chonody (2015), Gendron *et al.* (2021), Mellor *et al.* (2015), Merz *et al.* (2018), Murphy *et al.* (2024), o Ragan y Bowen (2001). Cabe señalar que la mayor parte de los estudios que han evaluado la eficacia de los programas educativos para abordar el edadismo se han realizado en países de ingresos altos. Es crucial ampliar este tipo de investigación a otros contextos para comprobar si su eficacia es universal.

99. Para más información acerca de este proyecto, véase Sum *et al.* (2016).

100. Véase OMS (2021b).

101. Esto se ha visto en múltiples estudios que han investigado distintos sesgos. Por ejemplo, se ha puesto de manifiesto que es posible conseguir una reducción efectiva de sesgos racistas implícitos incluso en la infancia tardía: Gonzalez, Dunlop y Baron (2017) y Vezzali *et al.* (2012).

102. Para más información, véase Bigler *et al.* (1997).

103. Véase Bigler (1995).

10. CREA CONEXIONES SIN LÍMITE DE EDAD

104. Los seis países incluidos en este estudio son Francia, Alemania, Irlanda, Italia, España y el Reino Unido. Para más información acerca de este estudio, véase Edwards Lifesciences (2022).

105. En España concretamente, el 79 por ciento de las personas encuestadas percibían que las relaciones estrechas intergeneracionales eran algo bueno frente a tan solo un 5 por ciento que las percibía como algo malo.

106. Este estudio incluyó una muestra de más de veinte mil personas de entre dieciséis y sesenta y cuatro años en treinta países. Los resultados mostraron diferencias interesantes entre países, con Brasil y Sudáfrica encabezando la lista como los países donde más personas tienen amigos de al menos quince años más (57 por ciento y 56 por ciento de los encuestados, respectivamente) y Japón y la República de Corea a la cola con tan solo un 24 por ciento y un 12 por ciento, respectivamente. En España, el 40 por ciento de la población encuestada indicó tener amistades con personas de más edad. En la otra dirección, Malasia y Rumanía encabezan

la lista, siendo los países donde más personas tienen amigos de como mínimo quince años menos (49 por ciento de los encuestados en ambos casos), y la República de Corea y Japón a la cola con tan solo un 15 por ciento y un 13 por ciento, respectivamente. En España, el 31 por ciento de los encuestados indicaron tener amigos de como mínimo quince años menos de edad. Para más información, véase Ipsos MORI (2019).

107. Para más información, véase Ayuntamiento de Alcoy (2023).

108. El cerebro de este proyecto es el doctor Haruhiko Dozono que, cansado de ver que la mayoría de sus pacientes con deterioro mental sufrían aislamiento social y soledad y que no existían lugares para facilitar un encuentro que mitigase estos efectos, quiso crear un espacio donde se generasen conexiones significativas. Para más información, véase Fornell (2023).

109. Véase Sun *et al.* (2019).

110. Véase HelpAge International (2022).

111. Véase Drury, Hutchison y Abrams (2016).

112. Véase Turner y Crisp (2010).

113. Véase Gaertner *et al.* (1989).

11. Movilízate y pelea por cambios

114. El concepto de «punto de inflexión» lo trasladó del mundo de la física al de la sociología el sociólogo Morton Grodzins, lo amplió el premio Nobel Thomas Schelling y lo popularizó el escritor Malcolm Gladwell.

115. Para llegar a estos resultados, Damon Centola y otros investigadores realizaron un estudio con 194 participantes en el que crearon artificialmente una norma social con el fin de calcular el punto de inflexión crucial para lograr cambiarla. Establecieron una

serie de pequeñas comunidades en línea de entre veinte y treinta personas y les pagaron para que acordaran una norma social (en este caso, llegar a un consenso acerca del nombre de una persona representada en una imagen). Una vez que cada grupo estuvo de acuerdo, pagaron a unas pocas personas seleccionadas de esos grupos para que impulsaran el cambio. Este grupo variaba en tamaño, pero prueba tras prueba, si al menos el 25 por ciento de las personas presionaban por cambiar la etiqueta, esta era adoptada rápidamente y en masa. Para ver más detalles acerca de este estudio, véase Centola, Becker, Brackbill y Baronchelli (2018).

Se han propuesto cifras incluso más optimistas para el punto de inflexión, incluyendo un 3,5 por ciento y un 10 por ciento. Erica Chenoweth propuso el primer porcentaje, argumentando que los movimientos en contra de regímenes autoritarios y fuerzas militares de ocupación que consiguen que el 3,5 por ciento de la población participe activamente, siempre consiguen lograr cambios. Llegó a esta conclusión tras analizar cientos de protestas que tuvieron lugar entre 1990 y 2006. Malcolm Gladwell popularizó el segundo porcentaje, aunque también se ha visto en simulaciones teóricas como la realizada por Xie y sus colaboradores (véase más abajo). Para Gladwell, una tendencia o comportamiento cruza el umbral y se propaga rápidamente cuando un 10 por ciento de la población lo adopta. Para más información acerca de estos puntos de inflexión alternativos, véanse Chenoweth y Stephan (2011), Gladwell (2006) y Xie *et al*. (2011).

116. Más allá de los ejemplos que incluí en el capítulo 3, hay un glosario sobre edadismo que te permitirá saber más acerca de otras palabras y expresiones edadistas que podemos dejar de utilizar. Para más información, véase Fundación LaCaixa (2023).

117. Un estudio que demuestra que la gente se siente menos motivada para cambiar sus sesgos si creen que estos son compartidos

por otros, incluyó a estudiantes blancos con un nivel alto o bajo de estereotipos sobre las personas negras, a quienes se les dio información que indicaba que sus creencias eran compartidas o no por los demás estudiantes de la universidad. Después se les pidió que se sentasen en un pasillo para esperar a la siguiente parte del experimento. Una infiltrada negra estaba en aquel pasillo en un asiento apartado y los investigadores evaluaron a qué distancia se sentaban dichos estudiantes de ella. Lo que encontraron fue que los estudiantes con niveles altos de estereotipos que averiguaron que otros estudiantes compartían dichas creencias se sentaban más lejos que aquellos que, aun teniendo un elevado nivel de estereotipos, habían averiguado que sus creencias no eran compartidas. Por otro lado, los estudiantes que inicialmente tenían pocos sesgos y que creían que sus puntos de vista eran compartidos se sentaban más cerca de la infiltrada en comparación con individuos con pocos sesgos a quienes se les hizo creer que sus creencias no eran compartidas. Estos resultados resaltan el papel que tienen nuestras percepciones de las normas sociales en nuestros comportamientos e inclinación a la discriminación. Para más información, véase Sechrist y Stangor (2001).

118. Véase Low Pay Commission (2023).

119. Las conversaciones formales sobre el posible desarrollo de una convención de las Naciones Unidas sobre los derechos de las personas mayores comenzaron con la constitución del Grupo de Trabajo de las Naciones Unidas de Composición Abierta sobre el Envejecimiento (OEWG, por sus siglas en inglés) en 2010. El Grupo de Trabajo es el foro principal para debatir la elaboración de una convención de este tipo. Hasta el momento, solo existen marcos de protección de los derechos de las personas mayores y jóvenes en algunas regiones. Por ejemplo, en la región de las Américas, existen tanto la Convención Interamericana sobre la Protección de los Derechos Humanos de las Personas Mayores, que

entró en vigor en 2017, como la Convención Iberoamericana de Derechos de los Jóvenes, que entró en vigor en 2008. En África cuentan con el Protocolo de la Unión Africana sobre los derechos de las personas mayores, aprobado en 2016, así como la Carta Africana de la Juventud, que lo hizo en 2009. En cualquier caso, muchos de estos instrumentos no cuentan con mecanismos de seguimiento que monitoreen su implementación.

    120. Véase OCDE (2020).

    121. La Sociedad Gerontológica de América tiene su programa «Journalists in Aging Fellows», y Columbia ofrece la «Age Boom Academy».

    122. Para acceder a su banco de imágenes, ve a <https://social asturias.asturias.es/banco-de-imágenes-cuidas>.

    123. Para más información, véanse HelpAge España (2023), L'Observatoire de l'âgisme (2008), Old School Anti-Ageism Clearinghouse (2018).

    124. Este día fue creado por la campaña de sensibilización nacional «EveryAGE Counts» en Australia en el año 2021 y desde entonces lo han adoptado diferentes grupos, incluida la Sociedad Estadounidense del Envejecimiento. En el Reino Unido, el Centre for Ageing Better instauró, en 2024, el Día de la Acción contra el Edadismo, que se celebrará el 20 de marzo de cada año.

Bibliografía

AARP, «Trends in AARP Research on Women» (2024), <https://www.aarp.org/research/topics/life/info-2022/aarp-research-women-trends.html>.

AARP y GettyImages (2019), Colección Disrupt Aging, <https://gettymages.com/collections/disruptaging>.

Abrams, D., P. S. Russell, M. Vauclair y H. J. Swift, *Ageism in Europe: Findings from the European social survey*, 2011.

—, A. Eller y J. Bryant, «An age apart: the effects of intergenerational contact and stereotype threat on performance and intergroup bias», *Psychology and aging*, 21(4) (2006).

«Adjudican por dos millones de euros la construcción de 18 viviendas intergeneracionales en el barrio de 'El Partidor'» (2023), Ayuntamiento de Alcoy, <https://www.alcoi.org/es/portal/noticias/noticia_0924.html>.

Age Without Limits (2024), <https://www.agewithoutlimits.org>.

Agency for Integrated Care, «Break the Silver Ceiling» (2024), <https://www.aic.sg/break-the-silver-ceiling/>.

Albertsen, A., «Covid-19 and age discrimination: benefit maximization, fairness, and justified age-based rati4oning», *Medicine, Health Care and Philosophy*, 26(1) (2023), pp. 3-11.

Alcalde, L., «Tinder puede llegar a ser hasta 5 veces más caro si tienes 30 años y sin que tú lo sepas, gracias a los datos que recoge su algoritmo», *Business Insider* (2022), <https://www.businessinsider.es/tinder-5-veces-caro-tienes-30-anos-culpa-algoritmo-1017777>.

Amnistía Internacional (2020), «Abandonadas a su suerte: La desprotección y discriminación de las personas mayores en residencias durante la pandemia COVID-19 en España» (2020) (EUR 41/5502/2020).

Apriceno, M., y S. R. Levy, «Systematic review and meta-analyses of effective programs for reducing ageism toward older adults», *Journal of Applied Gerontology*, 42(6) (2023), pp. 1356-1375.

Ayalon, L., «Perceived age, gender, and racial/ethnic discrimination in Europe: Results from the European social survey», *Educational Gerontology*, 40(7) (2014), pp. 499-517.

—, «Satisfaction with aging results in reduced risk for falling», *International psychogeriatrics*, 28(5) (2016), pp. 741-747.

Azoulay, P., B. F. Jones, J. D. Kim y J. Miranda, «Age and high-growth entrepreneurship», *American Economic Review: Insights*, 2(1) (2020), pp. 65-82.

Barber, S. J. (2020), «The applied implications of age-based stereotype threat for older adults», *Journal of Applied Research in Memory and Cognition*, 9(3), pp. 274-285.

Baron, A. S., e Y. Dunham, «Representing 'us' and 'them': Building blocks of intergroup cognition», *Journal of Cognition and Development*, 16(5) (2015), pp. 780-801.

—, Y. Dunham, M. Banaji y S. Carey, «Constraints on the acquisition of social category concepts», *Journal of Cognition and Development*, 15(2) (2014), pp. 238-268.

Bigler, R. S., «The role of classification skill in moderating environmental influences on children's gender stereotyping:

A study of the functional use of gender in the classroom», *Child Development*, 66(4) (1995), pp. 1072-1087.

—, L. C. Jones y D. B. Lobliner, «Social categorization and the formation of intergroup attitudes in children», *Child Development*, 68(3) (1997), pp. 530-543.

Billboard, «Madonna Woman of The Year Full Speech | Billboard Women in Music 2016» (2016).

Bizman, A., e Y. Yinon, «Intergroup and interpersonal threats as determinants of prejudice: The moderating role of in-group identification», *Basic and applied social psychology*, 23(3) (2001), pp. 191-196.

Blair, I. V., «The malleability of automatic stereotypes and prejudice», *Personality and social psychology review*, 6(3) (2002), pp. 242-261.

—, J. E. Ma y A. P. Lenton, «Imagining stereotypes away: the moderation of implicit stereotypes through mental imagery», *Journal of Personality and Social Psychology*, 81(5) (2001).

Blanchflower, D. G., «Is happiness U-shaped everywhere? Age and subjective well-being in 145 countries», *Journal of population economics*, 34(2) (2021), pp. 575-624.

—, y A. J. Oswald, «Is well-being U-shaped over the life cycle?», *Social science & medicine*, 66 (8) (2008), pp. 1733-1749.

Bodenhausen, G. V., «Stereotypic biases in social decision making and memory: Testing process models of stereotype use», *Journal of Personality and Social Psychology*, 55(5) (1988), p. 726.

Bodner, E., Y. Palgi y M. F. Wyman, «Ageism in mental health assessment and treatment of older adults», *Contemporary perspectives on ageism* (2028), pp. 241-262.

Bravo-Segal, S., y F. Villar, «La representación de los mayores en los medios durante la pandemia COVID-19: ¿hacia un refuerzo del edadismo?», *Revista Española de Geriatría y Gerontología*, 55(5) (2020), pp. 266-271.

Brewer, M. B., «In-group bias in the minimal intergroup situation: A cognitive-motivational analysis», *Psychological bulletin*, 86(2) (1979), p. 307.

Brockington, G., A. P. Gomes Moreira, M. S. Buso, S. Gomes da Silva, E. Altszyler, R. Fischer y J. Moll, «Storytelling increases oxytocin and positive emotions and decreases cortisol and pain in hospitalized children», *Proceedings of the National Academy of Sciences*, 118(22) (2021), e2018409118.

Buettner, D., *El secreto de las zonas azules*, Barcelona, Grijalbo, 2016.

CAC, «La representació de les dones a la televisió. Informe sobre la diversitat i la igualtat a la televisió» (2013), <https://www.cac.cat/documentacio/la-representacio-la-gent-gran-la-televisio-informe-la-diversitat-i-la-igualtat>.

Callaham, S., «Two Major News Platforms Headline The Same Topic-Why One Is Clickbait», *Forbes* (2024), <https://www.forbes.com/sites/sheilacallaham/2024/04/29/a-wsj-article-shows-how-generational-labels-and-age-diminish-a-story/>.

Carstensen, L. L., B. Turan, S. Scheibe, N. Ram, H. Ersner-Hershfield, G. R. Samanez-Larkin, K. P. Brooks y J. R. Nesselroade, «Emotional experience improves with age: evidence based on over 10 years of experience sampling», *Psychology and aging*, 26(1) (2011), p. 21.

Castro, M., «Las personas mayores en Chile alzan la voz frente al edadismo bancario: "Muchas veces se nos excluye con ciertas sutilezas"», *El País* (26 de febrero de 2024), <https://elpais.com/chile/2024-02-26/las-personas-mayores-en-chile-alzan-la-voz-frente-al-edadismo-bancario-muchas-veces-se-nos-excluye-con-ciertas-sutilezas.html>.

CDC, «Sexually Transmitted Disease Surveillance 2019» (2019), <https://www.cdc.gov/std/statistics/2019/std-surveillance-2019.pdf>.

Centola, D., J. Becker, D. Brackbill y A. Baronchelli, «Experimental evidence for tipping points in social convention», *Science*, 360(6393) (2018), pp. 1116-1119.

Centro Latinoamericano de Políticas Económicas y Sociales (2023), «Situación laboral de los mayores de 50 años».

Chang, E.-S., S. Kannoth, S. Levy, S.-Y. Wang, J. E. Lee y B. R. Levy, «Global reach of ageism on older persons' health: A systematic review», *PloS one*, 15(1) (2020), e0220857.

«Changing the Narrative: Ending Ageism Together» (2018), <https://changingthenarrativeco.org/whos-involved/>.

Chenoweth, E., y M. J. Stephan, *Why civil resistance works: The strategic logic of nonviolent conflict*, Columbia University Press, 2011.

Chonody, J. M., «Addressing ageism in students: A systematic review of the pedagogical intervention literature», *Educational Gerontology*, 41(12) (2015), pp. 859-887.

Cloutier, J., M. F. Mason y C. N. Macrae, «The perceptual determinants of person construal: reopening the social-cognitive toolbox», *Journal of Personality and Social Psychology*, 88(6) (2005), p. 885.

Cook, J., «The socio-economic contribution of older people in the UK», *Working with older people*, 15(4) (2011), pp. 141-146.

Cuddy, A. J., S. T. Fiske, V. S. Kwan, P. Glick, S. Demoulin, J. P. Leyens, M. H. Bond, J. Croizet, N. Ellemers y E. Sleebos, «Stereotype content model across cultures: Towards universal similarities and some differences», *British Journal of Social Psychology*, 48(1) (2019), pp. 1-33.

Dasgupta N., y A. G. Greenwald, «On the malleability of automatic attitudes: combating automatic prejudice with images of admired and disliked individuals», *Journal of Personality and Social Psychology*, 81(5) (2001).

De la Fuente-Núñez, V., Cohn-Schwartz, E., Roy, S., y Ayalon, L. (2021), «Scoping Review on Ageism against Younger Populations». *International Journal of Environmental Research and Public Health*, 18(8), p. 3988.

De la Fuente, A., «"El mercado me jubiló": a los mayores de 50 les cuesta encontrar trabajo en Chile», *El País* (19 de febrero de 2024), <https://elpais.com/chile/2024-02-19/el-mercado-me-jubilo-a-los-mayores-de-50-les-cuesta-encontrar-trabajo-en-chile.html#>.

De la Rica, S., O. Quesada y D. Martínez de Lafuente, *¿Demasiado mayor para trabajar? Evidencia de un experimento de campo sobre el edadismo en el mercado laboral español*, iseak, 2023.

Donnella, L., «How ageism against Biden and Trump puts older folks at risk», NPR (2014), <https://www.npr.org/sections/codeswitch/2024/02/16/1231828178/how-ageism-against-biden-and-trump-puts-older-folks-at-risk>.

Drury, L., P. Hutchison y D. Abrams, «Direct and extended intergenerational contact and young people's attitudes towards older adults», *British Journal of Social Psychology*, 55(3) (2016), pp. 522-543.

Eagly, A. H., y A. B. Diekman, «What is the problem? Prejudice as an attitude-in-context», en Dovidio, J. F., P. Glick y L. A. Rudman, *On the nature of prejudice: Fifty years after Allport*, Blackwell Publishing, 2005, pp. 19-35.

Edwards Lifesciences, «Unifying Generations: Building the Pathway to Intergenerational Solidarity» (2022).

Ensign, R. L., y R. Wolfe, «Boomers Bought Up the Big Homes.

Now They're Not Budging», *The Wall Street Journal* (13 de abril de 2024), <https://www.wsj.com/economy/housing/baby-boomers-big-homes-real-estate-inventory-3a047cb6>.

España. Sentencia del Tribunal Supremo 876/2020 (Sala de lo Social, Sección 33), de 18 de noviembre de 2020 (recurso 323/2020), <https://www.poderjudicial.es/search/AN/openDocument/f57b52a17530d68b/20210611>.

EuroAgeism (2018), <https://euroageism.eu/research-projects/>.

European Commission, «Special Eurobarometer 437 "Discrimination in the EU in 2015"» (DS-04-15-570-EN-N) (2015).

—, «Flash Eurobarometer 523 Integration of young people into the labour market with particular focus on traineeships» (2023).

European Court of Auditors, «EU actions addressing traineeships for young people» (QJ-AN-24-001-EN-N) (2024).

European Social Survey European Research Infrastructure (ESS ERIC), ESS4 - integrated file, edition 4.6 (Austria and Lithuania not included (2020), <https://doi.org/10.21338/ess4e04_6>.

European Youth Forum, «International Day of Democracy: There are as many Martins in the European Parliament as MEPs under 30» (2022), <https://www.youthforum.org/files/PR_-As-many-Martins-as-under-30s-in-the-EP.pdf>.

Eurostat, «How popular is internet use among older people? News articles» (2021), <https://ec.europa.eu/eurostat/web/products-eurostat-news/-/edn-20210517-1>.

—, «People in the EU - statistics on household and family structures», Eurostat Statistics (2018), <https://ec.europa.eu/eurostat/

statistics-explained/index.php?title=Archive:People_in_the_EU_-_statistics_on_household_and_family_structures&direction=next&oldid=375234>.

Everett, J. A., N. S. Faber y M. Crockett, «Preferences and beliefs in ingroup favoritism», *Frontiers in behavioral neuroscience*, 9 (2015), 126656.

FAD, «The Real Young» (2019), <https://fad.es/campana/the-real-young/>.

Fernández-Ardèvol, M., A. Rosales y F. M. Cortès, «Set in stone? Mobile practices evolution in later life», *Media and Communication*, 11(3) (2023), pp. 40-52.

Fernández-Ballesteros, R., A. Bustillos y C. Huici, «Positive perception of aging and performance in a memory task: Compensating for stereotype threat?», *Experimental Aging Research*, 41(4) (2015), pp. 410-425.

Fernández Poncela, A. M., «La vejez: entre la burla y la valoración social. Una visión desde el refranero», Biblioteca Virtual Miguel de Cervantes (s.f.). <https://www.cervantesvirtual.com/obra-visor/la-vejez-entre-la-burla-y-la-valoracion-social-una-vision-desde-el-refranero/html/>.

Fiske, S., A. Cuddy, J. Xu y P. Glick, «A model of (often mixed) stereotype content: Competence and warmth respectively follow from perceived status and competition», *Journal of Personality and Social Psychology*, 82(6) (2022), pp. 878-902.

Flore, P. C., y J. M. Wicherts, «Does stereotype threat influence performance of girls in stereotyped domains? A meta-analysis», *Journal of school psychology*, 53(1) (2015), pp. 25-44.

Foreman, K. J., N. Marquez, A. Dolgert, K. Fukutaki, N. Fullman, M. McGaughey, M. A. Pletcher, A. E. Smith, K. Tang y C.-W. Yuan, «Forecasting life expectancy, years of life lost, and all-cause and cause-specific mortality for 250 causes of death: reference and alternative scenarios for 2016-40 for 195 countries and territories», *The Lancet*, 392(10159) (2018), pp. 2052-2090.

Fornell, L., «La torre que derrotó a la soledad en Japón: un experimento sociológico con 43 personas entre 8 y 92 años», *El País Semanal* (16 de septiembre de 2016), <https://elpais.com/eps/2023-09-16/la-torre-que-derroto-a-la-soledad.html>.

Fowler, R. A., N. Sabur, P. Li, D. N. Juurlink, R. Pinto, M. A. Hladunewich, N. K. Adhikari, W. J. Sibbald y C. M. Martin, «Sex-and age-based differences in the delivery and outcomes of critical care», *Cmaj*, 177(12) (2007), pp. 1513-1519.

Fredriksen-Goldsen, K. I., H.-J. Kim, S. E. Barkan, A. Muraco y C. P. Hoy-Ellis, «Health disparities among lesbian, gay, and bisexual older adults: results from a population-based study», *American journal of public health*, 103(10) (2013), pp. 1802-1809.

Freeman, A. T., Z. I. Santini, S. Tyrovolas, C. Rummel-Kluge, J. M. Haro y A. Koyanagi, «Negative perceptions of ageing predict the onset and persistence of depression and anxiety: Findings from a prospective analysis of the Irish Longitudinal Study on Ageing (TILDA)», *Journal of Affective Disorders*, 199(2019), pp. 132-138.

Fu, L., T. Tian, B. Wang, Z. Lu, J. Bian, W. Zhang, X. Wu, X. Li, R. C. Siow y E. F. Fang, «Global, regional, and national burden of HIV and other sexually transmitted infections in older adults aged 60-89 years from 1990 to 2019: results from the Global Burden of Disease Study 2019», *The Lancet Healthy Longevity*, 5(1) (2024), e17-e30.

Fundación LaCaixa, «Glosario sobre edadismo» (2023).

Fundación Mapfre, «Digital Fit: Influencia de las redes sociales en la alimentación y en el aspecto físico de los menores» (2023).

—, «Monitor de empresas de la economía sénior» (2023).

Fyock, J., y C. Stangor, «The role of memory biases in stereotype maintenance», *British Journal of Social Psychology*, 33(3) (1994), pp. 331-343.

Gaertner, S. L., y J. F. Dovidio, «The aversive form of racism» (2000).

—, J. Mann, A. Murrell y J. F. Dovidio, «Reducing intergroup bias: The benefits of recategorization», *Journal of Personality and Social Psychology*, 57(2) (1989), pp. 239-249.

Gamarra, M., «España, un país envejecido: Geriatría está en el TOP de especialidades MIR y EIR que más han crecido», ConSalud.es (2024), <https://www.consalud.es/formacion/espana-pais-envejecido-geriatria-esta-en-top-especialidades-mir-eir-mas-han-crecido_139735_102.html>.

Gangutia Fernández, M., y M. J. López Zamora, «SEAM: Un servicio para las personas mayores - Informe 2023» (2024).

Geena Davis Institute on Gender in Media, USC Viterbi y Tena, «Frail, frumpy and forgotten: a report on the movie roles of women of age» (2020).

—, y Next 50, «Women Over 50: The Right To Be Seen on Screen» (2023).

Gendron, T., V. R. Cimarolli, J. Inker, A. Rhodes, A. Hennessa y R. Stone, «The efficacy of a video-based intervention to reduce ageism among long-term services and supports staff», *Gerontology & Geriatrics Education*, 42(3) (2021), pp. 316-330.

Gewirtz-Meydan, A., y L. Ayalon, «Physicians' response to sexual dysfunction presented by a younger vs. an older adult»,

International Journal of Geriatric Psychiatry, 32(12) (2017), pp. 1476-1483.

Gibbons, H. M., «Compulsory youthfulness: Intersections of ableism and ageism in "successful aging" discourses», *Review of disability studies: An international journal*, 12(2-3) (2016).

Giles, H., y S. A. Reid, «Ageism across the lifespan: Towards a self-categorization model of ageing», *Journal of Social Issues*, 6(2) (2005), pp. 389-404.

Gladwell, M., *The tipping point: How little things can make a big difference*, Little, Brown, 2006. [Hay trad. cast.: *El punto clave: The tipping point*, Barcelona, DeBolsillo, 2018].

Glassdoor, «Glassdoor Survey Finds Three In Five U.S. Employees Have Experienced Or Witnessed Discrimination Based On Age, Race, Gender Or LGBTQ Identity At Work» (2019), <https://www.prnewswire.com/news-releases/glassdoor-survey-finds-three-in-five-us-employees-have-experienced-or-witnessed-discrimination-based-on-age-race-gender-or-lgbtq-identity-at-work-300943513.html>.

Glück, J., «Wisdom and aging», *Current Opinion in Psychology*, 10.1742 (2023).

Gómez Sánchez, L., «Discriminación por racismo, homofobia o edadismo: el reto de alquilar una vivienda digna», RTVE (2023).

González, A. M., W. L. Dunlop y A. S. Baron, «Malleability of implicit associations across development», *Developmental Science*, 20(6) (2017), e12481.

Grandes Amigos, «#SoyMayorSoyComoTú: Una campaña para reconocer nuestro propio edadismo y eliminar los estereotipos que existen sobre la vejez» (2021), <https://grandesamigos.org/soymayorsoycomotu-2021/>.

Gratton, L., y J. A. Scott, *The 100-Year Life: Living and Working in an Age of Longevity*, Broomsbury, 2020. [Hay trad. cast.: *La vida de 100 años. Vivir y trabajar en la era de la longevidad*, Getxo, Lettera, 2023].

Gregg, A. P., B. Seibt y M. R. Banaji, «Easier done than undone: asymmetry in the malleability of implicit preferences», *Journal of Personality and Social Psychology*, 90(1) (2006), p. 1.

Hagestad, G. O., y P. Uhlenberg, «The social separation of old and young: A root of ageism», *Journal of Social Issues*, 61(2) (2005), pp. 343-360.

HelpAge España, Observatorio del Edadismo (2023), <https://www.helpage.es/observatorio-del-edadismo/>.

HelpAge International, «Bringing generations together for change: Learning from intergenerational approaches to address issues facing older and younger people» (2022).

—, «#OlderNotOver» (2023), <https://www.helpage.org/oldernotover/>.

Hewstone, M., «The 'ultimate attribution error'? A review of the literature on intergroup causal attribution», *European Journal of Social Psychology*, 20(4) (1990), pp. 311-335.

Hill Jr., D. W., «Estimating the effects of human rights treaties on state behavior», *The Journal of Politics*, 72(4) (2010), pp. 1161-1174.

Hollis-Sawyer, L., y L. Cuevas, «Mirror, mirror on the wall: Ageist and sexist double jeopardy portrayals in children's picture books», *Educational Gerontology*, 39(12) (2013), pp. 902-914.

ILOSTAT, «Discouraged job-seekers by sex and age» (2022), <https://ilostat.ilo.org/topics/employment/>.

IMSERSO (2024), «Censo de centros residenciales de servicios sociales en España - Situación año 2022».

INE, Encuesta continua de hogares del año 2020 (2021), <https://www.ine.es/dyngs/INEbase/es/operacion.htm?c=Estadistica_C&cid=1254736176952&menu=ultiDatos&idp=1254735572981>.

—, Proyección de Hogares en España (2022-2037) (2022), <https://www.ine.es/dyngs/INEbase/es/operacion.htm?c=Estadistica_C&cid=1254736176954&menu=ultiDatos&idp=1254735572981>.

—, Parados por tiempo de búsqueda de empleo, sexo y grupo de edad (2023), <https://www.ine.es/jaxiT3/Datos.htm?t=4111#!tabs-tabla>.

—, Proporción de jóvenes (entre 15 y 24 años) que no cursan estudios, no están empleados ni reciben capacitación (2022), <https://www.ine.es/jaxiT3/Datos.htm?tpx=62285>.

Instituto de Juventud (INJUVE) (2003), «Avance de resultados: Ocio y Tiempo Libre, Noche y Fin de Semana, Salud y Sexualidad. En Cifras jóvenes: Sondeo de opinión», <https://www.injuve.es/sites/default/files/sondeo%202003-4b.pdf>.

—, (2013), «Tablas de resultados - Jóvenes, economía, noche y fin de semana, salud (Estudio INJUVE EJ165). En Cifras jóvenes: Sondeo de opinión», <https://www.injuve.es/sites/default/files/Sondeo%202013-2b.pdf>.

Ipsos MORI, «The Perennials: The future of ageing» (2019).

Itzin, C., y C. Phillipson, «Age barriers at work: Maximising the potential of mature and older workers in local government», *Equality, Diversity and Inclusion: An International Journal*, 13(6, 7) (1994), p. 64.

Iversen, T. N., L. Larsen y P. E. Solem, «A conceptual analysis of ageism», *Nordic psychology*, 61(3) (2009), pp. 4-22.

Jasmin, A. F., y A. A. Rahman, «Does Elderly Employment Reduce Job Opportunities for Youth?», *Research and Policy*

Briefs, 48 (2021), World Bank, Malasia, <http://hdl.handle.net/10986/36170>.

Johns, M., T. Schmader y A. Martens, «Knowing is half the battle: Teaching stereotype threat as a means of improving women's math performance», *Psychological science*, 16 (3) (2015), pp. 175-179.

Jussim, L., E. Thulin, J. Fish y J. D. Wright, «Articles Critical of the IAT and Implicit Bias» (2020), <https://osf.io/74whk/>.

Kaiser, C. R., y C. T. Miller, «Stop complaining! The social costs of making attributions to discrimination», *Personality and social psychology bulletin*, 27(2) (2001), pp. 254-263.

Kanan, C., D. N. Bseiso, N. A. Ray, J. H. Hsiao y G. W. Cottrell, «Humans have idiosyncratic and task-specific scanpaths for judging faces», *Vision research*, 108(2015), pp. 67-76.

Kane, R. L., R. Priester y D. Neumann, «Does disparity in the way disabled older adults are treated imply ageism?», *The Gerontologist*, 47(3) (2017), pp. 271-279.

Kang, S. K., y Chasteen, A. L., «The moderating role of age-group identification and perceived threat on stereotype threat among older adults», *The International Journal of Aging and Human Development*, 69(3) (2009), pp. 201-220.

Kawakami, K., J. F. Dovidio, J. Moll, S. Hermsen y A. Russin, «Just say no (to stereotyping): effects of training in the negation of stereotypic associations on stereotype activation», *Journal of Personality and Social Psychology*, 78(5) (2000).

Kingman, D., *Generations apart? The growth of age segregation in England and Wales*, Londres, Intergenerational Foundation, 2016.

Kite, M. L., G. D. Stockdale, E. Whitley Jr. y B. T. Johnson, «Attitudes toward younger and older adults: An updated meta-analytic review», *Journal of Social Issues*, 61(2) (2005), pp. 241-266.

Kroon, A. C., T. G. van der Meer y D. Mastro, «Confirming bias without knowing? Automatic pathways between media exposure and selectivity», *Communication Research*, 48(2) (2021), pp. 180-202.

Kruger, J., y D. Dunning, «Unskilled and unaware of it: how difficulties in recognizing one's own incompetence lead to inflated self-assessments», *Journal of Personality and Social Psychology*, 77(6) (1999).

La Vanguardia, «Expulsadas de una discoteca de Alicante por su edad: "No queremos gente como vosotras"», *La Vanguardia* (20 de diciembre de 2023), <https://www.lavanguardia.com/television/20231220/9465548/expulsadas-discoteca-alicante-edad-queremos-gente-vosotras.html>.

Lamont, R. A., H. J. Swift y D. Abrams, «A review and meta-analysis of age-based stereotype threat: negative stereotypes, not facts, do the damage», *Psychology and aging*, 30(1) (2015), p. 180.

Landreville, P., J. Landry, L. Baillargeon, A. Guérette y É. Matteau, «Older adults' acceptance of psychological and pharmacological treatments for depression», *The Journals of Gerontology Series B: Psychological Sciences and Social Sciences*, 56(5) (2001), P285-P291.

Leal-López, E., Sánchez-Queija, I., Vieno, A., Currie, D., Torsheim, Torbjorn, Pavlova, D., Moreno-Maldonado, C., De Clercq, Bart, Kalman, M., & Inchley, J., «Cross national time trends in adolescent alcohol use from 2002 to 2014», *European Journal of Public Health*, 31(4) (2021), pp. 859-866.

Lee, M., «Allure Magazine Will No Longer Use the Term "Anti-Aging"», *Allure* (2017), <https://www.allure.com/story/allure-magazine-phasing-out-the-word-anti-aging>.

Leroy Merlin, COAM y SigmaDos, «Hogar Senior: Primer estudio nacional sobre la vivienda a partir de los 55 años» (2024), <https://corporativo.leroymerlin.es/estudio-nacional-hogar senior>.

Levy, B., «Stereotype embodiment: A psychosocial approach to aging», *Current directions in psychological science*, 18(6) (2009), pp. 332-336.

—, A. B. Zonderman, M. D. Slade y L. Ferrucci, «Age stereotypes held earlier in life predict cardiovascular events in later life», *Psychological science*, 20(3) (2009), pp. 296-298.

—, C. Pilver, P. H. Hung y M. D. Slade, «Subliminal strengthening: Improving older individuals' physical function over time with an implicit-age-stereotype intervention», *Psychological science*, 25 (12) (2014), pp. 2127-2135.

—, L. Ferrucci, A. B. Zonderman, M. D. Slade, J. Troncoso y S. M. Resnick, «A culture-brain link: Negative age stereotypes predict Alzheimer's disease biomarkers», *Psychology and aging*, 31(1) (2016), p. 82.

—, L. M. Myers (2004), «Preventive health behaviors influenced by self-perceptions of aging», *Preventive medicine*, 39(3) (2004), pp. 625-629.

—, M. D. Slade, E.-S. Chang, S. Kannoth y S-Y. Wang, «Ageism amplifies cost and prevalence of health conditions», *The Gerontologist*, 60(1) (2020), pp. 174-181.

—, M. D. Slade, J. May y E. A. Caracciolo, «Physical recovery after acute myocardial infarction: Positive age self-stereotypes as a resource», *The International Journal of Aging and Human Development*, 62(4) (2006), pp. 285-301.

—, M. D. Slade, S. R. Kunkel y S. V. Kasl, «Longevity increased by positive self-perceptions of aging», *Journal of Personality and Social Psychology*, 83(2) (2022) p. 261.

—, M. D. Slade, T. E. Murphy y T. M. Gill, «Association between positive age stereotypes and recovery from disability in older persons», *Jama*, 308(19) (2012), pp. 1972-1973.

—, M. D. Slade y T. M. Gill, «Hearing Decline Predicted by Elders' Stereotypes», *The Journals of Gerontology: Series B*, 61 (2) (2016), P82-P87, <https://doi.org/10.1093/geronb/61.2.P82>.

—, M. Slade, R. Pietrzak y L. Ferrucci, «Positive Age Beliefs Lead to Lower Dementia Risk Even Among Older Persons With High-Risk Gene», *Innovation in Aging*, 4 (sup. 1) (2020), p. 597.

—, P. H. Chung, T. Bedford y K. Navrazhina, «Facebook as a site for negative age stereotypes», *The Gerontologist*, 54 (2) (2014), pp. 172-176.

—, y E. Leifheit-Limson, «The stereotype-matching effect: greater influence on functioning when age stereotypes correspond to outcomes», *Psychology and aging*, 24(1) (2009).

Ley 15/2022, de 12 de julio, integral para la igualdad de trato y la no discriminación. *Boletín Oficial del Estado*, núm. 167, <https://www.boe.es/es/l/2022/07/12/15/con> <https://www.poderjudicial.es/search/AN/openDocument/f57b52a17530d68b/20210611>.

Liberman, Z., A. L. Woodward y K. D. Kinzler, «The origins of social categorization», *Trends in cognitive sciences*, 21(7) (2017), pp. 556-568.

Lichtenstein, B., «From "Coffin Dodger" to "Boomer Remover": Outbreaks of ageism in three countries with divergent approaches to coronavirus control», *The Journals of Gerontology: Series B*, 76(4) (2021), e206-e212.

Lin, S. S.-H., y A. Walden, «Ageism in Birthday Cards: A Mixed-Method Content Analysis», *The Gerontologist* (2023), <https://doi.org/10.1093/geront/gnad115>.

Linden, M., y G. Kurtz, «A randomised controlled experimental study on the influence of patient age on medical decisions in respect to the diagnosis and treatment of depression in the elderly», *Current gerontology and geriatrics research* (2009).

Liu, M., A. Cohen, T. Fulop, V. Legault, C. Betrisey y M. Levasseur, «Does ageism accelerate biological aging», *Innovation in Aging*, 6 (Supplement 1) (2022), pp. 478-478.

L'Observatoire de l'âgisme (2008), <http://www.agisme.fr>.

Longman, P., «Think again: Global aging», *Foreign Policy*, 182 (2010), pp. 52-58.

López Villodres, M., «Greta Thunberg o el caso de los adultos que no se toman en serio el activismo de las jóvenes», *El País* (27 de septiembre de 2019), <https://elpais.com/smoda/greta-thunberg-o-el-caso-de-los-adultos-que-no-se-toman-en-serio-el-activismo-de-los-jovenes.html>.

Low Pay Commission, «Largest ever cash increase to the minimum wage» (2023), <https://www.gov.uk/government/news/largest-ever-cash-increase-to-the-minimum-wage>.

Maass, A., D. Salvi, L. Arcuri y G. R. Semin, «Language use in intergroup contexts: The linguistic intergroup bias», *Journal of Personality and Social Psychology*, 57(6) (1989), p. 981.

Maishman, E., «Jacinda Ardern and Sanna Marin dismiss claim they met due to 'similar age'», *BBC* (2022), <https://www.bbc.com/news/world-63803342>.

Mariano, J., S. Marques, M. R. Ramos, F. Gerardo, C. Lage da Cunha, A. Girenko, J. Alexandersson, B. Stree, M. Lamanna, M. Lorenzatto, L. Pierrel Mikkelsen, U. Bundgård-Jørgensen, S. Rêgo y H. de Vries, «Too old for technology? Stereotype threat and technology use by older adults», *Behaviour & Information Technology*, 41(7) (2022), pp. 1503-1514.

Martin, D., y C. N. Macrae, «A face with a cue: Exploring the inevitability of person categorization», *European Journal of Social Psychology*, 37(5) (2007), pp. 806-816.

Mayores UDP, «Informe sobre edadismo», *Informe Mayores UDP - Barómetro UDP*, Issue (2019).

—, «#DeletEdadismo, la edad es solo un número» (2023).

Médicos sin Fronteras, «Poco, tarde y mal. El inaceptable desamparo de los mayores en las residencias durante la COVID-19 en España» (2020).

Meisner, B. A., «A meta-analysis of positive and negative age stereotype priming effects on behavior among older adults», *Journals of Gerontology Series B: Psychological Sciences and Social Sciences*, 67(1) (2012), pp. 13-17.

Mellor, D., M. McCabe, L. Rizzuto y A. Gruner, «Respecting our elders: Evaluation of an educational program for adolescent students to promote respect toward older adults», *American Journal of Orthopsychiatry*, 85(2) (2015).

Merz, C. C., S. L. Stark, N. L. Morrow-Howell y B. D. Carpenter, «When I'm 64: Effects of an interdisciplinary gerontology course on first-year undergraduates' perceptions of aging», *Gerontology & Geriatrics Education*, 39(1) (2018), pp. 35-45.

Miller, F. G., «Why I support age-related rationing of ventilators for COVID-19 patients», The Hastings Center (2020).

Morgan, K., «The 'acute' ageism problem hurting young workers», BBC (2021), <https://www.bbc.com/worklife/article/20210730-the-acute-ageism-problem-hurting-young-workers>.

Mosca, L., *et al.*, «Effectiveness-based guidelines for the prevention of cardiovascular disease in women-2011 update: a guideline from the American Heart Association», *Circulation*, 123(11) (2011), pp. 1243-1262.

Murphy, D. L., C. S. Mackenzie, M. M. Porter y J. G. Chipperfield (2024), «Reimagine aging: A process-based intervention to decrease internalized ageism», *Clinical Gerontologist*, pp. 1-14.

Nemoto, Y., K. Nonaka, M. Kuraoka, S. Murayama, M. Tanaka, H. Matsunaga, Y. Murayama, H. Murayama, E. Kobayashi, Y. Inaba, S. Watanabe, K. Maruo e Y. Fujiwara, «Effects of intergenerational contact on social capital in community-dwelling adults aged 25-84 years: a non-randomized community-based intervention», *BMC public health*, 22(1) (2022).

Neuberg, S. L., y S. T. Fiske, «Motivational influences on impression formation: outcome dependency, accuracy-driven attention, and individuating processes», *Journal of Personality and Social Psychology*, 53(3) (1987).

Nicole, S. J., y R. E. Stewart, «Confronting perpetrators of prejudice: The inhibitory effects of social costs», *Psychology of Women Quarterly*, 28(3) (2004), pp. 215-223.

Nielsen, «Women 50+ Are Underrepresented On Top TV Programs» (2021), <https://www.prnewswire.com/news-releases/women-50-are-underrepresented-on-top-tv-programs-301251151.html>.

North, M. S., y S. T. Fiske, «Modern attitudes toward older adults in the aging world: a cross-cultural meta-analysis», *Psychological bulletin*, 141(5) (2015), p. 993.

O'Brien, L. T., y M. L. Hummert, «Memory performance of late middle-aged adults: Contrasting self-stereotyping and stereotype threat accounts of assimilation to age stereotypes», *Social Cognition*, 24(3) (2006), pp. 338-358.

OCDE, «Promoting an Age-Inclusive Workforce: Living, Learning and Earning Longer» (2020).

Old School Anti-Ageism Clearinghouse (2018), <https://oldschool.info>.

OMS, «Informe mundial sobre el edadismo, Organización Mundial de la Salud» (2021).

—, «Iniciar una conversación sobre el edadismo, Organización Mundial de la Salud» (2021b).

—, «Ageism in artificial intelligence for health, Organización Mundial de la Salud» (2020).

—, «Informe mundial sobre el envejecimiento y la salud, Organización Mundial de la Salud» (2015).

Ortiz-Espina, E., «Loneliness and Social Connections» (2020), <https://ourworldindata.org/social-connections-and-loneliness>.

Ostrom, T. M., y C. Sedikides, «Out-group homogeneity effects in natural and minimal groups», *Psychological bulletin*, 112(3) (1992), p. 536.

Otten, S., y G. B. Moskowitz, «Evidence for implicit evaluative in-group bias: Affect-biased spontaneous trait inference in a minimal group paradigm», *Journal of Experimental Social Psychology*, 36(1) (2000), pp. 77-89.

Oxford Economics y Universidad de Salamanca, «Estudio de la economía de la longevidad en España: Informe para el CENIE» (septiembre de 2021).

Pettigrew, T. F., y L. P. Tropp, «A meta-analytic test of intergroup contact theory», *Journal of Personality and Social Psychology*, 90(5) (2006), p. 751.

Plaza, A., «"Millennials" contra "boomers": las pensiones desatan la gran batalla de nuestro tiempo», *El Periódico de España* (13 de noviembre de 2021).

PWC, «Radiografía del sector de las residencias para la tercera edad en España» (2020).

Ragan, A. M., y A. M. Bowen, «Improving attitudes regarding the elderly population: The effects of information and reinforcement for change», *The Gerontologist*, 41(4) (2001), pp. 511-515.

Ramos-Soler, I., y M. C. Carretón-Ballester, «Presencia y representación de las personas mayores en la publicidad televisiva: el caso español», *Revista Española de Geriatría y Gerontología*, 47(2) (2021), pp. 55-61.

Ravishankar, R. A., «It's time to officially end unpaid internships», *Harvard Business Review* (2021).

Real Decreto 1417/1990, Directrices generales propias de los planes de estudio conducentes a la obtención del título de licenciado en medicina (1990).

Rhodes, M., y D. Brickman, «The influence of competition on children's social categories», *Journal of Cognition and Development*, 12(2) (2011), pp. 194-221.

—, S.-J. Leslie y C. M. Tworek, «Cultural transmission of social essentialism», *Proceedings of the National Academy of Sciences*, 109(34) (2012), pp. 13526-13531.

—, S.-J. Leslie, L. Bianchi y L. Chalik, «The role of generic language in the early development of social categorization», *Child Development*, 89(1) (2018), pp. 148-155.

Ribera Casado, J. M., «Geriatría en España 2020. Retos principales», *Rev. esp. geriatr. Gerontol* (ed. impr.) (2020), pp. 107-113.

Riek, B. M., E. W. Mania y S. L. Gaertner, «Intergroup threat and outgroup attitudes: A meta-analytic review», *Personality and social psychology review*, 10(4) (2006), pp. 336-353.

Ríos, C., «Las jóvenes esclavas de la belleza», *El País* (25 de enero de 2024), <https://elpais.com/opinion/2024-01-25/las-jovenes-esclavas-de-la-belleza.html>.

Robertson, D. A., B. L. King-Kallimanis y R. A. Kenny, «Negative perceptions of aging predict longitudinal decline in cognitive function», *Psychology and aging*, 31(1) (2016).

Ross, K., K. Boyle, C. Carter y D. Ging, «Women, Men and News: It's life, Jim, but not as we know it», *Journalism Studies*, 19(6) (2018), pp. 824-845.

Rueda Etxebarría, R., «¿No es país para viejos? La edad como criterio de triaje durante la pandemia de la COVID-19», *Enrahonar. An international journal of theoretical and practical reason*, 65(2020), pp. 85-98.

Rychtaříková, J., «Perception of population ageing and age discrimination across EU countries», *Population and Economics*, 3(4) (2019).

Sargent-Cox, K. A., K. J. Anstey y M. A. Luszcz, «The relationship between change in self-perceptions of aging and physical functioning in older adults», *Psychology and aging*, 27(3) (2012), p. 750.

Schroyen, S., L. Letenneur, P. Missotten, G. Jérusalem y S. Adam, «Impact of self-perception of aging on mortality of older patients in oncology», *Cancer medicine*, 9(7) (2020), pp. 2283-2289.

Sechrist, G. B., y C. Stangor, «Perceived consensus influences intergroup behavior and stereotype accessibility», *Journal of Personality and Social Psychology*, 80(4) (2001), p. 645.

Señora Rushmore, «La representación de las personas mayores 50 años en la publicidad española actual» (s. f.), <https://www.mayoractual.com/media/mayoractuals/files/2018/09/25/Personas-mayores-Sra-Rushmore.pdf>.

Sherif, M., *Experimental study of positive and negative intergroup attitudes between experimentally produced groups: robbers cave study*, 1954.

—, *Intergroup conflict and cooperation: The Robbers Cave experiment* (vol. 10), University Book Exchange Norman, 1961.

Shimizu, Y., «Reducing ageism focusing on stereotype embodiment theory: Pre-registered study and Bayesian analysis approach», *Experimental Results*, 4, e17 (2023).

—, T. Hashimoto y K. Karasawa, «Decreasing anti-elderly discriminatory attitudes: Conducting a 'Stereotype Embodiment Theory'-based intervention», *European Journal of Social Psychology*, 52(1) (2022), pp. 174-190.

Smith, E. B., M. M. Desai, M. Slade y B. R. Levy, «Positive aging views in the general population predict better long-term cognition for elders in eight countries», *Journal of aging and health*, 31(10) (2019), pp. 1739-1747.

Span, P., «Aging in Place or Stuck in Place?», *The New York Times* (20 de abril de 2024), <https://www.nytimes.com/2024/04/20/health/seniors-home-equity-mortgages.html>.

Spencer, S. J., C. M. Steele y D. M. Quinn, «Stereotype threat and women's math performance», *Journal of Experimental Social Psychology*, 35(1) (1999), pp. 4-28.

Spongberg-Ross, I., «"Too Young": An Exploration of Youth Ageism in the Healthcare System» (2022), <https://awch.org.au/wp-content/uploads/2021/10/Too-Young-An-Exploration-of-Youth-Ageism-Report.pdf>.

Steele, C. M., «A threat in the air: How stereotypes shape intellectual identity and performance», *American psychologist*, 52(6) (1997), p. 613.

Stone, J., «Battling doubt by avoiding practice: The effects of stereotype threat on self-handicapping in white athletes», *Personality and social psychology bulletin*, 28(12) (2022), pp. 1667-1678.

Sum, S., S. Emamian y A. Sefidchian (2016), «Aging educational program to reduce ageism: Intergenerational approach», *Elderly Health Journal*, 2(1), pp. 33-38.

Sun, Q., V. W. Lou, A. Dai, C. To y S. Y. Wong, «The effectiveness of the young-old link and growth intergenerational program in reducing age stereotypes», *Research on Social Work Practice*, 29(5) (2019), pp. 519-528.

Sutter, A., M. Vaswani, P. Denice, K. H. Choi, J. Bouchard y V. M. Esses, «Ageism toward older adults during the COVID-19 pandemic: intergenerational conflict and support», *Journal of Social Issues*, 78(4) (2022), pp. 815-841.

Swift, H. J., D. Abrams, S. Marques, C.-M. Vauclair, C. Bratt y M.-L. Lima, «Agisem in the European Region: Finding from the European Social Survey», en L. Ayalon y C. Tesch-Römer (eds.), *Contemporary Perspectives on Ageism*, Springer International Publishing (2018), pp. 441-459.

Tajfel, H., y J. C. Turner, «An integrative theory of intergroup conflict», en W. G. Austin y S. Worchel (eds.), *The social psychology of intergroup relations*, Brooks/Cole (1979).

—, y M. G. Billig, R. P. Bundy y C. Flament, «Social categorization and intergroup behaviour», *European Journal of Social Psychology*, 1(2), (1971), pp. 149-178.

—, y A. L. Wilkes, «Classification and quantitative judgement», *British journal of psychology*, 54(2) (1963), pp. 101-114.

The Economist Intelligence Unit, «The Economic Impact of Age Discrimination: How discriminating against ol-der workers could cost the U.S. economy $850 billion» (2020).

The Lancet, «Time for a balanced conversation about menopause», *The Lancet* (2024), In (pp. S0140-6736 (0124) 00462-00468).

Tovel, H., S. Carmel y V. H. Raveis, «Relationships among self-perception of aging, physical functioning, and self-efficacy in late life», *The Journals of Gerontology: Series B*, 74(2) (2019), pp. 212-221.

Tully-Wilson, C., R. Bojack, P. M. Millear, H. M. Stallman, A. Allen y J. Mason, «Self-perceptions of aging: A systematic review of longitudinal studies», *Psychology and aging*, 36(7) (2021), p. 773.

Turner, J. C., P. J. Oakes, S. A. Haslam y C. McGarty, «Self and collective: Cognition and social context», *Personality and social psychology bulletin*, 20(5) (1994), pp. 454-463.

Turner, R. N., y R. J. Crisp, «Imagining intergroup contact reduces implicit prejudice», *British Journal of Social Psychology*, 49(1) (2010), pp. 129-142.

Uncapher, H., y P. A. Areán, «Physicians are less willing to treat suicidal ideation in older patients», *Journal of the American Geriatrics Society*, 48(2) (2020), pp. 188-192.

Vauclair, C. M., R. Borges Rodrigues, S. Marques, C. S. Esteves, F. Cunha y F. Gerardo, «Doddering but dear… even in the eyes of young children? Age stereotyping and prejudice in childhood and adolescence», *International Journal of Psychology*, 53(2018), pp. 63-70.

Vázquez, K., «Tu cara ya no me suena: el 40% de los españoles se ha hecho algún tratamiento estético», *El País* (25 de febrero de 2024), <https://elpais.com/eps/2024-02-25/tu-cara-ya-no-me-suena-el-40-de-los-espanoles-se-ha-hecho-algun-tratamiento-estetico.html>.

Vezzali, L., D. Capozza, D. Giovannini y S. Stathi, «Improving implicit and explicit intergroup attitudes using imagined contact: An experimental intervention with elementary school children», *Group Processes & Intergroup Relations*, 15(2) (2012), pp. 203-212.

Volkert, J., S. Andreas, M. Härter, M. C. Dehoust, S. Sehner, A. Suling, B. Ausín, A. Canuto, M. J. Crawford y C. Da Ronch, «Predisposing, enabling, and need factors of service utilization in the elderly with mental health problems», *International psychogeriatrics*, 30(7) (2018), pp. 1027-1037.

Wason, P. C., «On the failure to eliminate hypotheses in a conceptual task», *Quarterly journal of experimental psychology*, 12(3) (1960), pp. 129-140.

Weiss, D., y F. R. Lang, «"They" are old but "I" feel younger: Age-group dissociation as a self-protective strategy in old age», *Psychology and aging*, 27(1) (2012).

Wiessner, D., «Judge allows age-discrimination lawsuit against Elon Musk's X to proceed», *Reuters* (2023), <https://www.reuters.com/legal/elon-musks-x-cant-beat-lawsuit-claiming-age-bias-layoffs-2023-08-30/>.

Williams, D. R., y S. A. Mohammed, «Discrimination and racial disparities in health: evidence and needed research», *Journal of behavioral medicine*, 32(2009), pp. 20-47.

Wilson, D. C., «The price of age discrimination: when older workers face discrimination, everybody loses», Gallup Business Journal (website), 2006.

Wittenberg-Cox, A., «CEOs Get Serious About Longevity Leadership – In France», *Forbes*, <https://www.forbes.com/sites/avivahwittenbergcox/2024/02/01/ceos-get-serious-about-longevity-leadership-in-france/> (2024).

Women of Influence+, «Exploring the Impact of Ageism on Women in the Workplace. How Age-Related Stereotypes, Biases, and Discriminatory Practices Impede Success» (2024).

Wout, D. A., M. J. Shih, J. S. Jackson y R. M. Sellers, «Targets as perceivers: How people determine when they will be negatively stereotyped», *Journal of Personality and Social Psychology*, 96(2) (2009), p. 349.

Xie, J., S. Sreenivasan, G. Korniss, W. Zhang, C. Lim y B. K. Szymanski, «Social consensus through the influence of committed minorities», *Physical Review E-Statistical, Nonlinear, and Soft Matter Physics*, 84(1) (2011), 011130.

Zhou, S., E. Page-Gould, A. Aron, A. Moyer y M. Hewstone, «The extended contact hypothesis: A meta-analysis on 20 years of research», *Personality and social psychology review*, 23(2) (2019), pp. 132-160.